westermann

Arbeitsheft

Praxis Sprache 10

Differenzierende Ausgabe

Herausgegeben von Wolfgang Menzel

Erarbeitet von Wolfgang Menzel
Regina Nußbaum
Ursula Sassen

Illustriert von Konrad Eyferth

AF638283

Zusatzmaterialien zu Praxis Sprache 10 Differenzierende Ausgabe

Für Lehrerinnen und Lehrer:

Materialien für Lehrerinnen und Lehrer	978-3-14-122672-0
BiBox Einzellizenz für Lehrerinnen und Lehrer (Dauerlizenz)	978-3-14-122684-3
BiBox Kollegiumslizenz für Lehrerinnen und Lehrer (Dauerlizenz)	978-3-14-122690-4
BiBox Kollegiumslizenz für Lehrerinnen und Lehrer (1 Schuljahr)	978-3-14-106770-5
Online-Diagnose zu Praxis Sprache 10 Differenzierende Ausgabe	www.onlinediagnose.de

Für Schülerinnen und Schüler:

Arbeitsheft	978-3-14-122647-8
Interaktive Übungen	WEB-14-122656-0
Arbeitsbuch Inklusion	978-3-14-122653-9
BiBox Einzellizenz für Schülerinnen und Schüler (1 Schuljahr)	978-3-14-101823-3

Das digitale Schulbuch und digitale Unterrichtsmaterialien für Schülerinnen und Schüler und für Lehrkräfte finden Sie in der BiBox – dem digitalen Unterrichtssystem passend zum Lehrwerk.
Mehr Informationen über aktuelle Lizenzen finden Sie auf www.bibox.schule.

© 2021 Westermann Bildungsmedien Verlag GmbH, Georg-Westermann-Allee 66, 38104 Braunschweig
service@westermann.de, www.westermann.de

Das Werk und seine Teile sind urheberrechtlich geschützt. Jede Nutzung in anderen als den gesetzlich zugelassenen bzw. vertraglich zugestandenen Fällen bedarf der vorherigen schriftlichen Einwilligung des Verlages. Wir behalten uns die Nutzung unserer Inhalte für Text und Data Mining im Sinne des UrhG ausdrücklich vor. Nähere Informationen zur vertraglich gestatteten Anzahl von Kopien finden Sie auf www.schulbuchkopie.de.

Für Verweise (Links) auf Internet-Adressen gilt folgender Haftungshinweis: Trotz sorgfältiger inhaltlicher Kontrolle wird die Haftung für die Inhalte der externen Seiten ausgeschlossen. Für den Inhalt dieser externen Seiten sind ausschließlich deren Betreiber verantwortlich. Sollten Sie daher auf kostenpflichtige, illegale oder anstößige Inhalte treffen, so bedauern wir dies ausdrücklich und bitten Sie, uns umgehend per E-Mail davon in Kenntnis zu setzen, damit beim Nachdruck der Verweis gelöscht wird.

Redaktion: Regina Nußbaum
Typographisches Konzept: Janssen Kahlert Design & Kommunikation GmbH
Layout: Druckreif! Sandra Grünberg, Braunschweig
Umschlaggestaltung: Janssen Kahlert Design & Kommunikation GmbH
Druck und Bindung: Westermann Druck GmbH, Georg-Westermann-Allee 66, 38104 Braunschweig

Das Arbeitsheft ist in zwei Varianten erhältlich.

Arbeitsheft
ISBN 978-3-14-**122647**-8
Druck A[7] / Jahr 2026

Arbeitsheft mit interaktiven Übungen
ISBN 978-3-14-**145148**-1
Druck A[2] / Jahr 2024

Alle Drucke der Serie A sind im Unterricht parallel verwendbar.

Inhalt

Das Hörverstehen trainieren

1 Es geht um das Thema „Schmetterlinge".
Hört euch dazu einen Original-Audiobeitrag in der BiBox zweimal hintereinander an. Oder lasst euch die folgende Abschrift zweimal vorlesen.
Anschließend sollt ihr euer Hörverstehen unter Beweis stellen und einige Aufgaben beantworten.
Beachtet die folgenden Regeln:
- Lest nicht im Text mit. Konzentriert euch ausschließlich aufs Zuhören. Senkt den Kopf, schaut nach unten, vielleicht schließt ihr sogar die Augen.
- Macht euch erst nach dem 2. Hören kurze Notizen.
- Schlagt erst dann die Aufgaben zum Hörverstehen auf (Seite 5–6).

Zitronenfalter

Tagpfauenauge

Großer Fuchs

Admiral

Die ersten Schmetterlinge sind schon unterwegs (Text verändert)

Stefanie Peyk, Abschrift (SAS)

Schmetterlinge überwintern in allen möglichen Entwicklungsstadien: als Ei, als Raupe, als Puppe oder eben als Falter – je nach Art. Wer voll entwickelt überwintert, dem reichen schon einige warme Tage, und er kann losflattern. Einer der ersten Tagfalter im Jahr ist meist der Zitronenfalter – auch Tagpfauenauge und Großer Fuchs sind früh zu sehen.
Dazu kommen einzelne Arten, die früher erst jedes Jahr aus dem Süden einwandern mussten.

Inzwischen überwintern sie aber auch bei uns, vermutlich wegen des Klimawandels. Sie sind dann auch früh im Jahr am Start – der Admiral etwa und das Taubenschwänzchen, das ist dieser Schmetterling, der ein bisschen an einen Kolibri erinnert. Wer uns nicht so auffällt, sind die Nachtfalter, eigentlich eine Riesengruppe. Auch da sind schon einige unterwegs, die Heidelbeer-Wintereule zum Beispiel.

Diese Schmetterlinge haben die kalte Jahreszeit in einer Winterstarre überdauert. Da werden die Körperfunktionen auf ein Minimum runtergefahren. Zu kalt darf es trotzdem nicht werden, darum suchen sich die Schmetterlinge für den Winter oft Schlupfwinkel, die halbwegs frostgeschützt sind, Baumhöhlen zum Beispiel – oder auch ein Versteck in einem Holzschuppen, auf Dachböden oder in Kellern.

Der Zitronenfalter allerdings überwintert ganz im Freien. Ihm genügt schon eine Unterseite eines Brombeerblattes oder ein Grasbüschel. Zu Beginn der kalten Tage scheidet er alles Wasser aus, das er nicht unbedingt braucht. Damit die verbliebene Körperflüssigkeit nicht gefriert, hat der Falter ein eingebautes Frostschutzmittel – Glycerin. So kann der Zitronenfalter, laut Nabu (Naturschutzbund), Temperaturen bis zu minus 20 Grad Celsius überstehen. Wenn es wieder warm wird, ist er schnell startklar, wie alle Schmetterlinge, die als Falter überwintern.

Auch manche Arten, die als Puppe über den Winter gekommen sind, sind bereits geschlüpft und aktiv – die sogenannten Jungfernkinder etwa. Und im Laufe des Jahres sehen wir dann auch zunehmend Falter, die als Raupe oder Ei überwintert haben. Da ist also bis in den Sommer hinein immer was geboten.

SWR, Umweltredaktion

Heidelbeer-Wintereule

Taubenschwänzchen

Jungfernkind

2 Löse nun die **Aufgaben a)–e)** zum Hörverstehen. Gehe dabei folgendermaßen vor:

- Arbeite zügig, solange die Informationen noch frisch sind.
- Überfliege die Aufgaben, um dich zu orientieren.
- Beginne mit den für dich „leichteren“ Aufgaben. Bearbeite erst dann die „schwierigeren“.
- Kontrolliere anschließend, ob du alle Aufgaben bearbeitet hast. Vielleicht kannst du ja noch etwas ergänzen.

Aufgaben zum Hörverstehen

a) Fasse den Inhalt des Audiobeitrags in zwei Sätzen zusammen.

____

____

____

____

____

Hinweise & Tipps

zu **a)**:
Schreibe zwei vollständige Sätze:
In dem Audiobeitrag geht es um …
Vor allem wird darauf eingegangen, …

b) Beschreibe das Verhalten von Schmetterlingen, die die kalte Jahreszeit in der „Winterstarre“ überdauern.

____

____

____

____

____

____

zu **b)**:
Schreibe in vollständigen Sätzen:
Bei der Winterstarre …
Die Schmetterlinge …

c) Kreuze die zutreffenden Aussagen an.

1 Das *Taubenschwänzchen* erinnert an einen Kolibri. ☐
2 Nachtfalter sind eine Riesengruppe, aber viel unauffälliger als Tagfalter. ☐
3 Die *Heidelbeer-Waldeule* ist ein Tagfalter.
4 Die *Jungfernkinder* überwintern als Falter. ☐
5 Mit Glycerin schützen sich *Zitronenfalter* vor Frost. ☐
6 Schmetterlinge, die als Falter überwintern, sind in den ersten warmen Tagen im Jahr startklar. ☐

zu **c)**:
Achtung!
Bei solchen Aufgabenstellungen werden in Prüfungssituationen Punkte abgezogen, wenn man außer den richtigen Antworten noch weitere falsche Antworten ankreuzt.

d) Begründe, wieso vermutlich einige Schmetterlingsarten nicht wie bisher im Süden überwintern, sondern bei uns im Norden.

____

____

____

zu **d)**:
Antworte in Stichwörtern:
Überwinterung im …
wegen des …
Vorteile …

e) Welche der im Audiobeitrag genannten Schmetterlinge sind im Jahresverlauf schon früh zu sehen?
Schreibe vier Namen auf.

____

____

____

____

zu **e)**:
Beachte bei solchen Aufgabenstellungen die geforderte Anzahl der Antworten. Alles, was darüber hinausgeht, zählt nicht – egal, ob richtig oder falsch!

f) Ergänze die folgenden drei Sätze sinngemäß:

1) Ein Schmetterling durchlebt vier Entwicklungsstadien, und zwar

Ei, ______________, ______________ und ______________.

2) Je nach Art überwintern Schmetterlinge in verschiedenen

______________________________.

3) Als Erste im Frühjahr können die Schmetterlingsarten starten,

die voll entwickelt als Falter ______________________.

zu **f)**:
Achtung! Bei Aufzählungen kann auch die richtige Reihenfolge wichtig sein.
Die Wörterliste kannst du als Gedächtnisstütze nutzen.
Entwicklungsstadien, Falter, Puppe, Raupe, überwintern

Sich bewerben: Die Bewerbungsmappe

Viele Ausbildungsbetriebe verlangen in ihren Stellenausschreibungen „vollständige und aussagekräftige“ Bewerbungsunterlagen. Ein formal korrektes Anschreiben, ein tabellarischer Lebenslauf und Zeugniskopien sind stets obligatorisch, also Pflicht. Aber du kannst noch ein bisschen mehr tun, um die Personalverantwortlichen davon zu überzeugen, dass genau du der oder die Richtige für die ausgeschriebene Stelle bist.
Präsentiere deine Bewerbungsunterlagen ansprechend in einer Mappe und füge deinen Unterlagen zwei Seiten hinzu, mit denen du positiv auf dich aufmerksam machen kannst:
Gestalte ein attraktives Deckblatt, das zum Weiterlesen einlädt. Und füge Anschreiben und Lebenslauf noch eine sogenannte „Dritte Seite“ (ein Motivationsschreiben) hinzu, auf der du deine Motivation, Fähigkeiten und Eigenschaften noch einmal überzeugend herausstellst.
Wie du die Bewerbungsmappe verschickst – ob **analog** auf Papier und per Post oder **digital** per E-Mail –, das hängt von den Vorgaben des Betriebes ab. Die **digitale Bewerbungsmappe** besteht aus dem Anschreiben, das direkt in die Bewerbungsmail kopiert wird, und einem einzigen angehängten PDF, in dem alle weiteren Unterlagen zusammengefasst sind.

Bausteine der Bewerbungsmappe

1. **Deckblatt** – (eventuell mit Foto) mit Kontaktdaten und Stellenbeschreibung
2. **Anschreiben** – nicht länger als eine Seite DIN-A4 (Das Anschreiben wird nicht eingeheftet, sondern nur lose in oder auf die Mappe gelegt.)
3. **tabellarischer Lebenslauf** – aktuell und mit demselben Datum wie das Anschreiben
4. **Motivationsseite** – Gelegenheit, die eigene Motivation eindrucksvoll zu begründen
5. **Anlagen** – Kopien von Schulzeugnissen sowie von weiteren Bescheinigungen, die im Zusammenhang mit der Bewerbung relevant, also von Bedeutung sind.
6. **Bewerbungsfoto** – Ein Foto ist freiwillig. Es trägt jedoch sehr zur persönlichen Note einer Bewerbung bei. Das Porträt sollte nach links, also zum Betrachter hingewandt sein und ca. 4,5 x 6,5 cm groß sein. Es wird rechts oben auf dem Lebenslauf befestigt oder eingescannt. Ein Porträtfoto auf dem Deckblatt kann größer sein und kann auch etwas freier gestaltet werden.

1 Markiere die fakultativen (freiwilligen) Bestandteile von Bewerbungsmappen.
Notiere, welche positiven Effekte damit erzielt werden können.

____

____

2 Welche „weiteren für die Bewerbung relevanten Bescheinigungen“ können als Anlagen (Kopien oder eingescannt) den Bewerbungsunterlagen hinzugefügt werden? Nenne mögliche Beispiele.

____

3 Nach welchem Prinzip sollten die Anlagen sinnvollerweise geordnet werden?
Kreuze an und begründe deine Entscheidung kurz.

- ☐ a) Man ordnet die Anlagen alphabetisch, die Zeugnisse kommen an den Schluss.
- ☐ b) Man ordnet alle Anlagen chronologisch, also von alt nach neu.
- ☐ c) Man ordnet die Anlagen nach dem Prinzip „Das Wichtigste zuerst“ – zuerst die Zeugnisse und dann folgen weitere Anlagen.

Deckblatt A

PAULA KRÜGER

Pestalozzistraße 23a , 38114 Braunschweig
Tel. +49 513 764321, mobil +49 171 12345678, E-Mail: paula.krueger@t-xyline.de

Bewerbung um eine Ausbildung zur Fachinformatikerin
Fachrichtung Anwendungsentwicklung
beim Bildungshaus Braunschweig

Deckblatt B

Bewerbung

um einen Ausbildungsplatz
zum Kaufmann für Spedition
und Logistikdienstleistung

Jan-Felix Gruber
Celler Str. 32
21335 Lüneburg
Festnetz: +49 4131 654321
mobil: +49 0765 98765432
E-Mail: j-f-gruber@t-xy-line.de

Anlagen:
- Tabellarischer Lebenslauf
- Meine Motivation
- Abschlusszeugnis
- Zwei Praktikumszeugnisse
- Englischzertifikat

4 Vergleiche die beiden Deckblätter in Bezug auf die inhaltlichen Bestandteile, die Gestaltungselemente und ihre Wirkung.

Deckblatt A

____

____

____

____

____

____

Deckblatt B

____

____

____

____

____

____

5 Welches Deckblatt würdest du bevorzugen? Begründe deine Entscheidung.

____

____

Tipp:

Nutze den kreativen Spielraum, der dir bei der Anfertigung eines Deckblattes eingeräumt wird. Gestalte für deine Bewerbungsmappe ein eigenes Decklatt am PC.

Sich bewerben: Die Motivationsseite

Die Motivationsseite ist eine freiwillige Extraseite bei der Bewerbung, mit der du dich von anderen abheben kannst. Auf dieser sogenannten „dritten Seite“ kannst du erläutern, welche Erfahrungen dir gezeigt haben, dass ein bestimmter Ausbildungsberuf und -betrieb zu dir passen – und warum du umgekehrt davon überzeugt bist, dass gerade du für die Firma die oder der passende Auszubildende bist. Dabei kannst du von Gesprächen mit Fachleuten berichten oder von Erfahrungen, die du in deinen Praktika, beim Jobben oder etwa bei einer ehrenamtlichen Tätigkeit in einem Verein gemacht hast.
Keine Sorge, dein Text darf kurz sein. – Etwa 15 Zeilen sollten reichen, um deine Botschaft auf den Punkt zu bringen.

Das spricht für mich:

- Eine Betriebserkundung mit der Schule hat mich überzeugt, dass ich meine Ausbildung in Ihrem Betrieb machen möchte.
- Ich kenne die Anforderungen und Tätigkeiten des Berufes *Gestalter für visuelles Marketing* aus verschiedenen Praktika.
- Meine Lieblingsfächer in der Schule sind Technisches Werken, Kunst und Englisch.
- Ich verfüge über handwerkliches Geschick, habe kreative Ideen und arbeite gern im Team. Das zeigen die Erfahrungen, die ich bei ehrenamtlichen Tätigkeiten für unseren örtlichen Karnevalsverein gesammelt habe.

Gerne möchte ich diese Eigenschaften bei meiner Ausbildung in Ihrer Firma einsetzen und weiterentwickeln.

Ich freue mich darauf.

Burgdorf, 24.06.2021

Mateo Ortega

1 Versetze dich in die Rolle eines Personalchefs, einer Personalchefin.
Welche Pluspunkte kann der Bewerber mit seiner Motivationsseite bei dir sammeln?

____

____

____

2 Mit welchen Erfahrungen und persönlichen Stärken argumentiert der Bewerber?

____

____

____

3 Notiere Formulierungen, die auf das persönliche und das emotionale Engagement des Bewerbers hinweisen.

4 Weitere mögliche Überschriften für eine Motivationsseite sind z. B.:
Meine Motivation – Ich über mich – Zu meiner Person – Was Sie sonst noch über mich wissen sollten
Schreibe eine Überschrift auf, die dir gefallen könnte.

5 Welche Text- und Gestaltungselemente weist der Text auf Seite 9 außer der Überschrift noch auf?

6 Verfasse eine eigene **Motivationsseite** zu einer von dir bevorzugten Ausbildungsstelle. Dazu kannst du das Muster auf Seite 9 nutzen – oder aber auch eigene kreative Ideen entwickeln.

Tipp:
Schreibe deinen Text hier vor und gestalte ihn dann am PC.

Erörtern I: Informationen entnehmen – Argumente gewinnen

Die folgenden Texte zum Themenbereich „Share Economy“ sollst du dir im Hinblick auf eine Erörterung erarbeiten.

Text 1

Ist Sharing die Zukunft? (Text verändert)

Laut einer Studie (YouGov 2019) kennen 36 Prozent der Deutschen den Begriff der **„Sharing Economy“**. So wird die Wirtschaftsform des Teilens und Tauschens bezeichnet, die nicht auf das Besitzen von Dingen zielt, sondern aufs Nutzen. „Der Lebensraum in unseren Städten wird enger. Ressourcen werden knapper und Nachhaltigkeit wird wichtiger denn je. Mehr als die Hälfte der Weltbevölkerung hat inzwischen Zugang zum Internet und die Technologie ist in ständigem Wandel. Vor diesem Hintergrund boomt die Sharing Economy.“

to share: teilen
economy: Wirtschaft
Ressource: vorhandener Bestand von etwas, z. B. von Rohstoffen
boomen: starkes wirtschaftliches Wachstum

1 Markiere in **Text 1**, was die „Sharing Economy“ ausmacht, die Ursachen und Voraussetzungen für ihren „Boom“.

2 Lies dich in die folgende **Infografik (Text 2)** ein, um dir einen Überblick zu verschaffen.

Text 2 (Infografik)

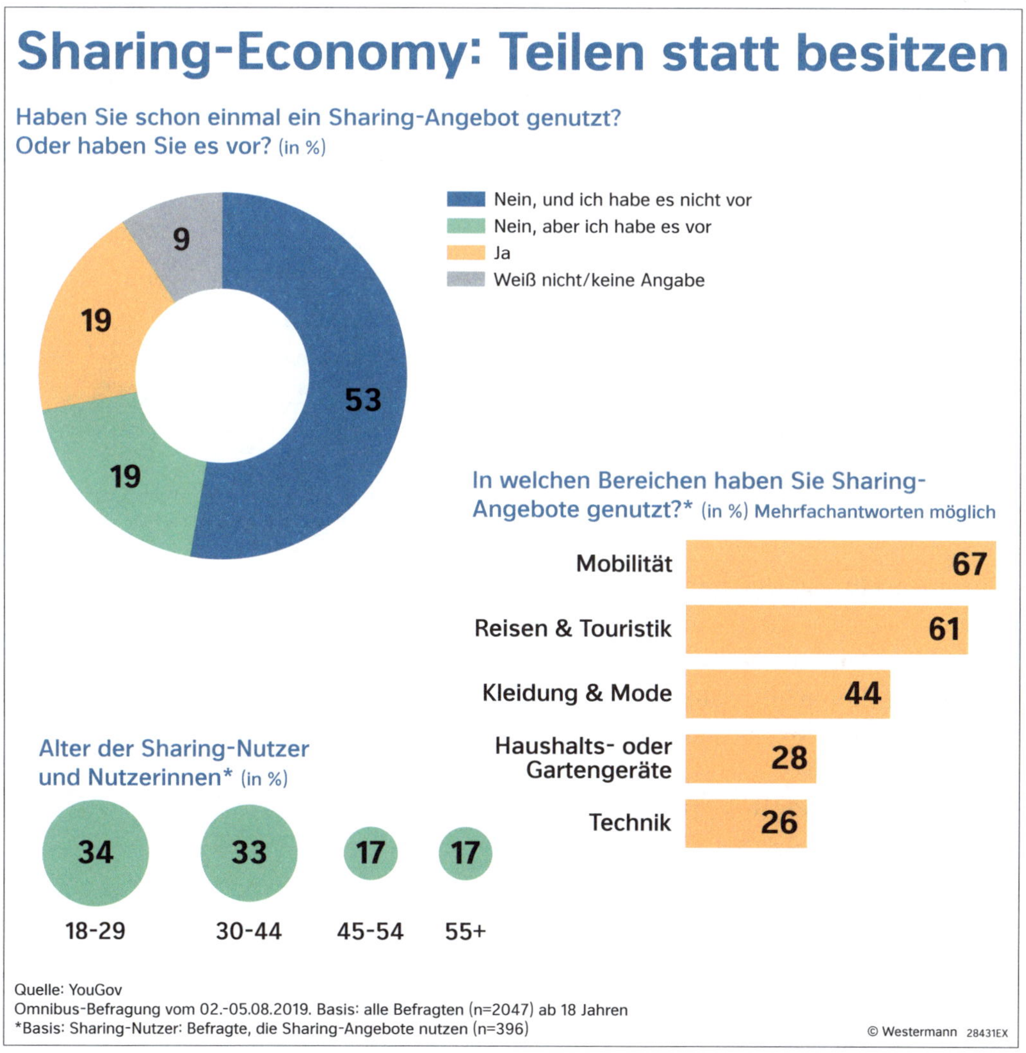

Mobilität: z. B. Car-Sharing, Bike-Sharing, Mitfahrzentralen …

Reisen & Touristik: z. B. Netzwerke für private Übernachtungsmöglichkeiten, für kurze befristete Tausch- oder Mietangebote von Privatwohnungen

3 Notiere folgende Angaben aus der Infografik **(Text 2)**:

a) Anzahl der Befragten insgesamt ________ b) prozentualer Anteil der Sharing-Nutzer ________

c) meistgenutzte Bereiche von Sharing-Angeboten ________

d) Altersgruppen, die vor allem Sharing-Angebote nutzen ________

4 Betrachte die Infografik unter der Fragestellung, ob „Sharing die Zukunft" ist.
Welche Ergebnisse sprechen aus deiner Sicht eher dafür, welche eher dagegen?

5 Wie stehst du grundsätzlich zu der Idee „Teilen statt besitzen"?
Gefällt dir diese Vorstellung – oder bist du eher skeptisch? Begründe deine Meinung.

6 Erschließe dir die folgenden Texte. Werte sie gezielt im Hinblick auf eine Erörterung aus.

- Lies mit dem Stift in der Hand. Unterstreiche und mache dir Randnotizen, z. B. zu Personen oder Institutionen, zu interessanten Zitaten.
- Was spricht eher für die Share Economy, was ist eher problematisch? Markiere solche Argumente und Beispiele in den Texten mit zwei Farben.

PRO

CONTRA

Text 3

Weiterer Leihladen plant Eröffnung (Text verändert)

Maintal/Fulda (dpa/lhe) – Nachdem sich Hessens erster Leihladen in Maintal bereits 2017 erfolgreich etabliert hat, wird es im Sommer 2021 in Fulda eine weitere Anlaufstelle in Hessen für Sparfüchse geben. „Leihläden" gibt es bereits an etlichen Orten in Deutschland. Das Konzept folgt der Sharing-Idee, bei der es heißt: „teilen statt besitzen" und „tauschen statt kaufen".

In Fulda werden Besucher in einem etwa 30 Quadratmeter großen Laden Artikel leihen können. Sie sind in einem Katalog aufgelistet, den man über eine App einsehen kann. Zu dem noch wachsenden Sortiment gehören unter anderem Werkzeuge, Gartengeräte, Haushaltsgeräte, Spiele, Sport- und Freizeitartikel und Kleinteile.

Die Idee der Leihläden hat für Monika Weiß, eine der ehrenamtlichen Organisatorinnen, viel Charme: „Nachhaltigkeit ist uns wichtig. Es ist ärgerlich, wenn man etwas kaufen muss, was man nur selten wirklich benötigt. Die Idee des Ausleihens ist gut für den eigenen Geldbeutel. Es werden auch Ressourcen geschont und Rohstoffe gespart. Neben den ökologischen Gründen gibt es aber auch soziale Gründe."

2017 erster Leihladen …

etabliert: einen festen Platz haben

Zitat: …

Jedes Teil kann im Fuldaer Laden für eine geringe Gebühr und ein Pfand für eine Woche geliehen werden. Die Artikel haben die Fuldaer über Spenden erhalten, unter anderem auch aus dem Leihladen in Maintal.

Text 4

Sharing Economy: Warum Teilen wichtiger ist denn je (Text verändert)

Michael

„Wir können ja teilen!" Manch einer hört diesen Satz und hält schon mal vorsorglich seine Pommes fest. Teilen ist erst mal Trouble und Schmerz. Aber der ist nur von kurzer Dauer. Denn was wir abgeben, bekommen wir zumeist in Form von Freundschaft, Vertrauen oder noch mehr Pommes zurück. Wer teilt, profitiert, und das weiß auch die Wirtschaft. Mit der Sharing Economy hat sich ein ganzer Wirtschaftszweig etabliert, der sich ums Teilen, Schenken und Leihen dreht.

Diese „Wirtschaft des Teilens" gehört längst zu unserem Alltag. Wir teilen Fahrzeuge, Wohnungen, Lebensmittel und so ziemlich alles, was in unserem Zuhause gerade oder nie mehr gebraucht wird. Vom Teilen erhofft man sich nicht nur einen wirtschaftlichen Nutzen, sondern insbesondere einen Beitrag für den Klimaschutz. Denn Wirtschaft und Konsum, die stark auf Besitz ausgerichtet sind, verbrauchen mehr Ressourcen, als wir haben. Laut der Organisation Global Footprint Network bräuchte die Menschheit im Jahre 2030 drei Erden, um sich mit allem Notwendigen einzudecken.

Die Sharing Economy könnte ein Weg in eine ressourcenschonende Zukunft sein. Denn wenn mehr geteilt und geliehen wird, müssen die Güter nicht immer wieder aufs Neue produziert werden. Dadurch verteilt sich der Ressourcenverbrauch auf die Bedürfnisse von immer mehr Menschen.

Teilen spart Ressourcen. Ein gutes Beispiel: Laut Kraftfahrtbundesamt gibt es in Deutschland rund 48 Millionen Pkw. Im Schnitt wird aber jeder nur eine Dreiviertelstunde am Tag bewegt. Oder besser: Die Autos stehen mehr als 23 Stunden am Tag ungenutzt herum, wie eine Studie zur Mobilität von 2019 im Auftrag des Bundesverkehrsministeriums ergab. In dieser Zeit hätten theoretisch `zig andere Menschen das Auto nutzen können.

Teilen spart Geld. Die Wirtschaft herunterzufahren, ist aber auch keine Option. Gerade Krisenzeiten führen uns dies schmerzlich vor Augen. Die Sharing Economy könnte hier mit ihrem ökonomischen Potenzial eine Möglichkeit bieten, den Lebensstandard zu sichern und trotzdem Ressourcen zu schonen.

Eigentlich könnte durch eine Ökonomie des Teilens auch die Gesellschaft näher zusammenrücken. Aber wie das mit der Wirtschaft so ist, hat auch die Sharing Economy ihre Schattenseiten. So verstärkt etwa die Vermietung privater

Teilen oft unangenehm, aber …

Schattenseiten…

Unterkünfte zum Beispiel über große internationale Plattformen die Wohnungsnot in den Städten, denn viele Vermieter verdienen mit kurzfristigen Mietverhältnissen mehr Geld. Aber je mehr Wohnungen auf dem regulären Markt fehlen, desto knapper und teurer wird der Wohnraum für die Stadtbewohner. Vielerorts muss inzwischen die öffentliche Hand eingreifen. So darf zum Beispiel in München eine Wohnung nicht mehr als acht Wochen im Jahr an Feriengäste vermietet werden.

Eine weitere unerwünschte Folge der Sharing Economy kann der Rebound-Effekt sein: Das bedeutet, dass der Ressourcenverbrauch durch das Teilen steigt, statt zu sinken, wenn sich zum Beispiel bei einem wachsenden Car-Sharing-Angebot wieder mehr Menschen alleine hinters Lenkrad klemmen, statt andere mitzunehmen oder die öffentlichen Verkehrsmittel zu nutzen. Ob die Umwelt und die Gesellschaft etwas von der Sharing Economy haben, das hängt am Ende von uns allen ab – was wir daraus machen.

Kritik, Probleme

öffentliche Hand: Sammelbegriff für den öffentlichen Bereich, z. B. für den Staat, das Bundesland, die Kommune

Rebound-Effekt:

Text 5

Was Jugendliche zum „Teilen statt Kaufen“ sagen

Maja: In unserer Stadtteilbücherei gibt es eine „Bibliothek der Dinge“. Da kann man umsonst coole Sachen ausleihen, die man mal ausprobieren möchte, wie eine Slackline. Und mit der geborgten Dino-Backform backe ich einen Geburtstagskuchen für meinen kleinen Bruder.

Linus: Also, eigentlich besitze ich sehr gerne schöne Dinge und kann daran viel Freude haben. Mein Wakeboard möchte ich nicht ausleihen und es dann wieder zurückgeben müssen. Und manches ist einfach zu privat: Mein Smartphone würde ich niemals verleihen.

Roberto: Ich finde, wir haben sowieso alle viel zu viel Zeug. Da ist es doch prima, dass man sich etwas ausleihen kann, z. B. ein Mountainbike am Wochenende, und anschließend gibt man es wieder zurück. Man hat Spaß gehabt, es hat nur wenig gekostet, und das Bike steht nicht im Keller rum.

Pia: Eigentlich finde ich Sharing ja gut. Aber die besten Angebote gibt es wohl nur in Großstädten. Bei uns im Dorf gibt es Nachbarschaftshilfe – das ist dann wohl Sharing ganz ohne App. Und dass das Kaufen, aber auch Teilen und Tauschen im Internet riskant sein kann – das sollte eigentlich jedem bekannt sein.

Jakob: Meine Schwester hat als Studentin nur wenig Platz. Alles, was ihr zu viel wird, bietet sie entweder für wenig Geld oder als Geschenk im Internet an. Die Leute holen echt alles ab, sogar gebrauchtes Malervlies.

7 Leite nun aus den Texten 1–5 mögliche **Pro- und Contra-Argumente** für eine **Erörterung** ab.
- Formuliere deine Argumente **(These + Begründung + Beispiel)** und trage sie geordnet nach Pro und Contra in die folgenden Tabellen ein.
- Halte auch wichtige Zitate fest, notiere z. B. „Global Footprint Network" Text 4, Zeile 16–17.
- Du kannst auch eigene Argumente ergänzen.

Share Economy: „Teilen und Tauschen statt Kaufen"

Pro-Argumente	Beispiele / Erläuterungen / Zitate
Der Geldbeutel wird geschont, weil …	*Maja, Bibliothek der Dinge*

Contra-Argumente	Beispiele / Erläuterungen
Manche Dinge sind zu privat …	*Smartphone …*

Hinweis
Wie du dir zum Themenbereich „Sharing Economy" sowohl eine **lineare** als auch eine **antithetische** (dialektische) **Erörterung** erarbeitest, das erfährst du hier im Arbeitsheft auf den Seiten 16–18 bzw. 19–21.

Erörtern II: Eine lineare Erörterung erarbeiten

INFO

Linear erörtern – nur eine These vertreten

Eine **lineare Erörterung** ist die sachlich begründete Auseinandersetzung mit einem Thema, bei dem die „Sache" **nicht** in Frage gestellt wird. Es ergibt sich daraus nur **eine These**, die mit einer schlüssigen **Argumentationskette** gestützt wird.

- In der **Einleitung** führt man mit einem „Aufhänger" anschaulich in das Thema ein, um Interesse zu wecken.
- In der **Definition** wird die „Sache" erklärt.
- Im **Hauptteil** wird die **eine These** mit mehreren entfalteten **Argumenten** (Behauptung + Begründung + Beispiel/Erläuterung) gestützt. An letzter Stelle sollte stets das Argument stehen, das als besonders wichtig erachtet wird.
- Im **Schluss** kommt man zu einer eigenen begründeten Schlussfolgerung, der **Konklusion**. Hier kann man **appellieren**, etwas fordern und auch etwas zum persönlichen Umgang mit dem Thema sagen.

Aufbau einer linearen Erörterung

Einleitung
↓
Definition
↓
Hauptteil

eine These

Argument 1
↓
Argument 2
↓
Argument 3
...
wichtigstes Argument
↓
Schluss

Konklusion
Appelle + Forderungen

1 Erstelle eine **numerische**[1] **Gliederung** für eine lineare Erörterung mit fünf Argumenten zum Thema **„Share-Economy: Warum Tauschen und Teilen so wichtig ist"**.
- Nutze die Tabelle mit den Pro-Argumenten (Seite 15) und die Texte 1–5 (Seite 11–14).
- Schreibe in Stichwörtern oder in kurzen Sätzen.
- Verwende für die Gliederung das folgende Raster.

Raster für eine lineare Gliederung

Thema: Share-Economy: Warum Tauschen und Teilen so wichtig ist

1 **Einleitung**

(„Aufhänger", z. B. eine eigene Erfahrung oder Beobachtung) ____________________

____

____

____

(Überleitung zur folgenden Definition, z. B. mit einer Frage) ____________________

____

2 **Definition**

____

____

____

[1] nu|me|risch: zahlenmäßig (*lat.* numerus)

3 Hauptteil

3.1 These: ______

3.1.1 Argument: ______

Begründung: ______

Beispiel: ______

3.1.2 Argument: ______

Begründung: ______

Beispiel: ______

3.1.3 Argument: ______

Begründung: ______

Beispiel: ______

3.1.4 Argument: ______

Begründung: ______

Beispiel: ______

3.1.5 besonders wichtiges Argument: ______

Begründung: ______

Beispiel: ______

4 Schluss

Konklusion – begründetes Fazit, Konsequenzen, Forderungen, Appelle, persönliche Stellungnahme

______

2 Formuliere nun die lineare Erörterung aus:
Thema ***„Share-Economy: Warum Tauschen und Teilen so wichtig ist“.***

- Schreibe auf einem separaten Blatt oder am Computer.
- Arbeite mithilfe deiner Gliederung die Erörterung Punkt für Punkt aus.
- Argumentiere sachlich, das Basistempus ist das Präsens.
- Füge nach jedem Abschnitt eine Leerzeile ein.
- Nutze zum Schreiben und Überarbeiten den **Wortschatz: Textbausteine** und die **Checkliste**.

Wortschatz: Textbausteine

Mamas Setzkasten, meine alte Spielekonsole, Vasen, Töpfe, …, eine Popcorn-Maschine – ein Blick in das vollgestopfte Kellerregal zeigt mir all die ungenutzten Dinge, an denen wir längst das Interesse verloren haben. Aber wohin damit?
In die Tonne oder …?
Wäre es nicht eine bessere Idee, wenn …

Sharing Economy, so nennt man …
Der Platz in unseren Städten … Die Ressourcen werden …
Aber die Technologie …
Immer mehr Menschen weltweit verfügen über …
Vor diesem Hintergrund boomt …
Laut einer repräsentativen Studie nutzten 2019 …
Die Ergebnisse zeigen, dass es vor allem junge Menschen sind, die …
Wie wichtig ist die Sharing Economy derzeit?

These: *Viele gute Gründe sprechen dafür, dass die Sharing Economy …*
Eines dieser guten Argumente ist sicherlich …, weil …
Beispielsweise …
Darüber hinaus fördert auch …, nämlich …
Umfragen belegen …
Wichtig ist auch …, denn für …
Außerdem ist … von großer Bedeutung …
Man denke zum Beispiel an …
Und damit komme ich zu meinem allerwichtigsten Argument … Denn es ist doch …
Es liegt auf der Hand, dass …
Wie das folgende Beispiel eindrucksvoll belegt, …

Für mich steht außer Frage, dass die Share Economy heute …
Das Prinzip des … bietet aus meiner Sicht viele Vorteile: für den einzelnen Menschen, für …, für …
Jedoch was letztlich wirklich zählt, ist …
Deshalb ist für mich das Entscheidende an …, dass …
Eine wichtige Vorbildfunktion haben …, sie sollten …
Aber auch wir, die Jugendlichen, müssen uns … Es geht schließlich um unsere Zukunft, die …
Deshalb appelliere/fordere ich … Jede und jeder sollte …
Ich selbst werde …

Checkliste

In der **Einleitung** …
- ✔ führe ich mit ein oder zwei interessanten Erfahrungen oder Beobachtungen („Aufhänger“) in das Thema ein.
- ✔ leite ich zur Definition über, z. B. mit einer rhetorischen Frage.

In der **Definition** …
- ✔ erkläre ich, was der Begriff „Share Economy“ bedeutet.
- ✔ führe ich gegebenenfalls Ergebnisse aus Umfragen an.
- ✔ leite ich zur **These** über.

Im **Hauptteil** …
- ✔ leite ich zur **These** über und stütze sie schlüssig mit einer **Argumentationskette**.
- ✔ begründe ich jedes Argument, entfalte es mit anschaulichen Beispielen, Umfrageergebnissen und/ oder aussagekräftigen Zitaten.
- ✔ steht mein wichtigstes Argument an letzter Stelle.

Im **Schlussteil** …
- ✔ komme ich zu meiner eigenen begründeten Schlussfolgerung **(Konklusion)**.
- ✔ stelle ich Forderungen auf und appelliere an die Leser und Leserinnen.
- ✔ sage ich etwas zu meinem Umgang mit dem Thema.

Erörtern III: Eine antithetische Erörterung erarbeiten

Aufbau nach dem Sanduhrprinzip

Einleitung

Hauptteil

These oder Antithese
Argumente
von stark bis
schwach

•

These oder Antithese
Argumente
von schwach bis stark
ausschlaggebendes Argument
an letzter Stelle

Schluss **Synthese**

INFO

Antithetisch erörtern – nach dem Sanduhrprinzip

Die **antithetische** (*auch:* dialektische) **Erörterung** betrachtet ein strittiges Thema von zwei Seiten. So ergeben sich aus dem **Thema** eine **These** und eine **Antithese**.

- Die **Einleitung** führt zu einer offenen Entscheidungsfrage.
- Im **Hauptteil** werden **These** und **Antithese** durch entfaltete **Argumente** (Behauptung + Begründung + Beispiel/Erläuterung) gestützt. Man beginnt mit der These, die man im Schluss **nicht** vertritt. Gestützt wird diese **1. These** mit Argumenten von **stark bis schwach**. Dann folgt die **2. These** – gestützt mit Argumenten von **schwach bis stark**.
- Im **Schluss** wägt man in der **Synthese** die Argumente ab und begründet den eigenen Standpunkt.

1 Erstelle eine **numerische Gliederung** für eine **antithetische Erörterung** zum Thema:
„Share-Economy: Ist tauschen und teilen besser als kaufen?“

- Nutze dazu die Pro- und Contra-Argumente und Beispiele aus deinen Tabellen (Seite 15), Informationen und Zitate aus den Texten auf Seite 11–14 sowie eigene Erfahrungen und Beobachtungen.
- Baue die Gliederung nach dem **Sanduhrprinzip** auf. Beachte, dass du im Hauptteil zuerst die These formulieren musst, die du im Schlussteil nicht vertreten willst.
- Nutze das folgende Raster.

Raster für eine antithetische Gliederung nach dem Sanduhrprinzip

Thema: Share-Economy: Ist tauschen und teilen besser als kaufen?

1 **Einleitung**

(Vorstellen der Sache, des Themas) ______________________________

____

____

____

(Infragestellen des Themas, offene Überleitung zum Hauptteil) ______________________________

____

____

____

2 Hauptteil

2.1 ______ **These:** ______________________________

____

2.1.1 (sehr wichtiges) **Argument:** ______________________________

Begründung: ______________________________

____

Beispiel: ______________________________

2.1.2 (wichtiges) **Argument:** ______________________________

Begründung: ______________________________

Beispiel: ______________________________

2.1.3 (weniger wichtiges) **Argument:** ______________________________

Begründung: ______________________________

____

Beispiel: ______________________________

2.2 ______ **These:** ______________________________

____

2.2.1 (wichtiges) **Argument:** ______________________________

Begründung: ______________________________

____

Beispiel: ______________________________

2.2.2 (sehr wichtiges) **Argument:** ______________________________

Begründung: ______________________________

Beispiel: ______________________________

2.2.3 (ausschlaggebendes) **Argument:** ______________________________

Begründung: ______________________________

____

Beispiel: ______________________________

3 Schluss

Synthese: Abwägen von Vor- und Nachteilen;
Fazit: Konsequenzen, Forderungen, Appelle, eigene Stellungnahme

____

____

____

____

2 Formuliere nun die antithetische Erörterung aus.
Thema: ***„Share-Economy: Ist tauschen und teilen besser als kaufen?"***

- Schreibe auf einem separaten Blatt oder am Computer.
- Arbeite mithilfe deiner Gliederung die Erörterung Punkt für Punkt aus.
- Argumentiere sachlich, das Basistempus ist das Präsens.
- Füge nach jedem Abschnitt eine Leerzeile ein.
- Nutze zum Schreiben und Überarbeiten den **WORTSCHATZ: TEXTBAUSTEINE** und die **CHECKLISTE**.

WORTSCHATZ: TEXTBAUSTEINE

In Deutschland wird immer mehr geteilt. Immer mehr Menschen nutzen
Angebote der Share Economy, bei denen vor allem über Internetportale … Laut einer Umfrage von … nutzt bereits jeder …
Es sind vor allem die jungen Leute, die …
Auf den ersten Blick ist das Prinzip … eine geniale Idee – aber …
Ist es also wirklich empfehlenswert …?

These pro: *Einerseits/Andererseits darf man keinesfalls übersehen, dass hinter vielen Angeboten zum Teilen und Tauschen eine gute Idee steckt.*
These contra: *Einerseits/Andererseits bietet die Share Economy nicht nur Vorteile, sondern hat auch ihre Schattenseiten.*

Für/Gegen … spricht aus meiner Sicht vor allem das Argument, dass …
Wenn … etwas wirklich … ist, dann… Ein gutes Beispiel ist dafür … Und für mich kommt … nicht infrage, denn so etwas …
Wichtig ist auch, dass man beim Teilen und Tauschen … Vor allem bei … Sharing-Angeboten über das Internet … Was ist, wenn …? Die Folgen können …
Mit dem Begriff „…" werden Schattenseiten der Share-Economy beschrieben: Darunter versteht man …, z. B. …
Warum sollte man etwas…, was man sowieso nur …? Wenn man Dinge leiht oder tauscht, kann man … Beispielsweise im Leihladen / in der „Bibliothek der Dinge"… Auf diese Weise kann … Meine/Mein …. hat/haben sich zum Beispiel …
Aber dabei ist nicht nur … wichtig, viel wichtiger ist mir dabei …
Und damit komme ich zu meinem ausschlaggebenden Argument …

Wenn ich nun Pro und Contra abwäge, überwiegen für mich …
Ich befürworte/lehne … ab … Denn für mich ist entscheidend …
Hat die Share-Economy eine Zukunft? Ich meine … Auch Umfragen …
Ich persönlich werde … Natürlich will ich die Gegenargumente nicht ganz von der Hand weisen. So räume ich ein …
Allerdings sollte man dann …
Obwohl ich akzeptiere, dass manchmal …, steht meine Meinung grundsätzlich fest: ….
Deshalb möchte ich alle dazu ermuntern/darin bestärken …

CHECKLISTE

In der **Einleitung** …
- ✔ stelle ich das Thema kontrovers vor.
- ✔ sage ich etwas zur Sache.
- ✔ lasse ich die Themenfrage offen.

Im **Hauptteil** …
- ✔ leite ich sinnvoll zu meiner **1. These** (Pro oder Contra) und den zugehörigen Argumenten über.
- ✔ entfalte ich die Argumente mit schlüssigen Begründungen, anschaulichen Beispielen, mit Zahlen und Fakten, aussagekräftigen Zitaten.
- ✔ leite ich anschließend zu meiner **2. These** über (Contra oder Pro) und entfalte dazu die entsprechenden Argumente vollständig.

Im **Schlussteil** …
- ✔ wäge ich in der Synthese Pro- und Contra ab.
- ✔ äußere ich meinen Standpunkt und ziehe ein begründetes Fazit.
- ✔ gebe ich eine Erklärung zu meinem Umgang mit dem Thema ab.
- ✔ würdige ich Gegenargumente und stelle Forderungen und Bedingungen.
- ✔ bekräftigte ich meine Meinung, appelliere an Leser und Leserinnen.

Einen literarischen Text analysieren

In dieser Einheit kannst du noch einmal üben, eine eigene Textanalyse zu verfassen.

1 Lies dir die Kurzgeschichte von Ilse Aichinger aufmerksam durch.

2 Markiere beim zweiten Durchlesen die Personen, Orte und ihr Verhalten, von denen erzählt wird. Am Rand solltest du dir einige Notizen machen:

- Wer sind die Hauptfiguren der Geschichte?
- Wie alt sind sie?
- Wo leben sie?
- Was tun sie? Wie verhalten sie sich?

Das Fenstertheater

Ilse Aichinger
(Aus: Ilse Aichinger: Der Gefesselte. Erzählungen I. Frankfurt am Main: S. Fischer Verlag 1954)

Die Frau lehnte am Fenster und sah hinüber. Der Wind trieb in leichten Stößen vom Fluss herauf und brachte nichts Neues. Die Frau hatte den starren Blick neugieriger Leute, die unersättlich sind. Es hatte ihr noch niemand den Gefallen getan, vor ihrem Haus niedergefahren zu werden. … Außerdem wohnte sie im vorletzten Stock, die Straße lag zu tief unten. Der Lärm rauschte nur mehr leicht herauf. Alles lag zu tief unten. Als sie sich eben vom Fenster abwenden wollte, bemerkte sie, dass der Alte gegenüber Licht angedreht hatte. Da es noch ganz hell war, blieb dieses Licht für sich und machte den merkwürdigen Eindruck, den aufflammende Straßenlaternen unter der Sonne machen. Als hätte einer an seinen Fenstern die Kerzen angesteckt, noch ehe die Prozession die Kirche verlassen hat[1]. Die Frau blieb am Fenster. Der Alte öffnete und nickte herüber. Meint er mich? dachte die Frau. Die Wohnung über ihr stand leer und unterhalb lag eine Werkstatt, die um diese Zeit schon geschlossen war. Sie bewegte leicht den Kopf. Der Alte nickte wieder. Er griff sich an die Stirne, entdeckte, dass er keinen Hut auf hatte, und verschwand im Inneren des Zimmers. Gleich darauf kam er in Hut und Mantel wieder. Er zog den Hut und lächelte. Dann nahm er ein weißes Tuch aus der Tasche und begann zu winken. Erst leicht und dann immer eifriger. Er hing über die Brüstung, dass man Angst bekam, er würde vornüberfallen. Die Frau trat einen Schritt zurück, aber das schien ihn zu bestärken. Er ließ das Tuch fallen, löste seinen Schal vom Hals – einen großen bunten Schal – und ließ ihn aus dem Fenster wehen. Dazu lächelte er. Und als sie noch einen weiteren Schritt zurücktrat, warf er den Hut mit einer heftigen Bewegung ab und wand den Schal wie einen Turban um seinen Kopf. Dann kreuzte er die Arme über der Brust und verneigte sich. Sooft er aufsah, kniff er das linke Auge zu, als herrsche zwischen ihnen ein geheimes Einverständnis. Das bereitete ihr so lange Vergnügen, bis sie plötzlich nur mehr seine Beine in dünnen, geflickten Samthosen in die Luft ragen sah. Er stand auf dem Kopf. Als sein Gesicht gerötet, erhitzt und freundlich wieder auftauchte, hatte sie schon die Polizei verständigt. Und während er,

Frau
neugierig am Fenster
wartet, dass unten auf der Straße oder gegenüber irgendetwas Aufregendes passiert
alter Mann
am Fenster gegenüber
Licht

[1] In katholischen Gegenden zünden die Menschen an ihren Fenstern oft Kerzen an, wenn an einem Feiertag wie Karfreitag oder Fronleichnam eine Prozession durch die Straßen zieht.

in ein Leintuch gehüllt, abwechselnd an beiden Fenstern erschien, unterschied sie schon drei Gassen weiter über dem Geklingel der Straßenbahnen und dem gedämpften Lärm der Stadt das Hupen des Überfallautos. Denn ihre Erklärung hatte nicht sehr klar und ihre Stimme erregt geklungen. Der alte Mann lachte jetzt, so dass sich sein Gesicht in tiefe Falten legte, streifte dann mit einer vagen Gebärde darüber, wurde ernst, schien das Lachen eine Sekunde lang in der hohlen Hand zu halten und warf es dann hinüber. Erst als der Wagen schon um die Ecke bog, gelang es der Frau, sich von seinem Anblick loszureißen. Sie kam atemlos unten an. Eine Menschenmenge hatte sich um den Polizeiwagen gesammelt. Die Polizisten waren abgesprungen, und die Menge kam hinter ihnen und der Frau her. Sobald man die Leute zu verscheuchen suchte, erklärten sie einstimmig, in diesem Hause zu wohnen. Einige davon kamen bis zum letzten Stock mit. Von den Stufen beobachteten sie, wie die Männer, nachdem ihr Klopfen vergeblich blieb und die Glocke allem Anschein nach nicht funktionierte, die Tür aufbrachen. Sie arbeiteten schnell und mit einer Sicherheit, von der jeder Einbrecher lernen konnte. Auch in dem Vorraum, dessen Fenster auf den Hof sahen, zögerten sie nicht eine Sekunde. Zwei von ihnen zogen die Stiefel aus und schlichen um die Ecke. Es war inzwischen finster geworden. Sie stießen an einen Kleiderständer, gewahrten den Lichtschein am Ende des schmalen Ganges und gingen ihm nach. Die Frau schlich hinter ihnen her. Als die Tür aufflog, stand der alte Mann mit dem Rücken zu ihnen gewandt noch immer am Fenster. Er hielt ein großes weißes Kissen auf dem Kopf, das er immer wieder abnahm, als bedeutete er jemandem, dass er schlafen wolle. Den Teppich, den er vom Boden genommen hatte, trug er um die Schultern. Da er schwerhörig war, wandte er sich auch nicht um, als die Männer auch schon knapp hinter ihm standen und die Frau über ihn hinweg in ihr eigenes finsteres Fenster sah. Die Werkstatt unterhalb war, wie sie angenommen hatte, geschlossen. Aber in die Wohnung oberhalb musste eine neue Partei eingezogen sein. An eines der erleuchteten Zimmer war ein Gitterbett geschoben, in dem aufrecht ein kleiner Knabe stand. Auch er trug sein Kissen auf dem Kopf und die Bettdecke um die Schultern. Er sprang und winkte herüber und krähte vor Jubel. Er lachte, strich mit der Hand über das Gesicht, wurde ernst und schien das Lachen eine Sekunde lang in der hohlen Hand zu halten. Dann warf er es mit aller Kraft den Wachleuten ins Gesicht.

3 Eine Textanalyse wird eingeleitet
- mit der Nennung des Autors / der Autorin,
- mit der Nennung des Texttitels
- und mit der Angabe der Jahreszahl der Erscheinung.

Notiere diese Angaben hier in einem vollständigen Satz.

4 Auf diese Einleitung sollten ein oder zwei Sätze folgen, die das Geschehen des Textes zusammenfassend auf den Punkt bringen. Diese Sätze kannst du aber nur formulieren, wenn du die Geschichte wirklich verstanden hast.
Lies dir also den Text noch einmal daraufhin durch und schreibe auf, worum es darin geht:

In dieser Geschichte geht es um

5 Schreibe nun den ersten Entwurf deiner Textanalyse.
Gehe immer wieder auf Spurensuche in der Geschichte.
Du kannst den **WORTSCHATZ: TEXTBAUSTEINE** fürs Schreiben nutzen.

WORTSCHATZ: TEXTBAUSTEINE

*Die **Hauptfigur** der Geschichte ist …*

*Aus ihrer **Perspektive** wird erzählt, wie …*

*Die **Gegenfigur** ist …*

WORTSCHATZ: TEXTBAUSTEINE

*Die **Handlung** besteht darin …*

*Zum **Konflikt** kommt es …*

*Der Konflikt **löst sich auf**, als …*

6 Im zweiten Teil deiner Textanalyse schreibst du, wie die Geschichte sprachlich gestaltet ist und wie sie auf dich wirkt.

Tipp:
Wörtlich zitierte Textstellen musst du in Anführungszeichen setzen! Du kannst den **WORTSCHATZ: TEXTBAUSTEINE** nutzen.

WORTSCHATZ: TEXTBAUSTEINE

Die Ereignisse werden in einer … Sprache erzählt.
Spannung wird dadurch erzeugt, dass …
Aufgelöst wird die Spannung dann, indem ….
Am Ende der Geschichte steht der Satz:
Diese Satz soll deutlich machen, …
Für mich bedeutet / auf mich wirkt die Geschichte …
Wenn man die Geschichte auf unsere Gegenwart überträgt, dann …

Eine literarische Figur charakterisieren

1 Lies die Geschichte „Das Fenstertheater" hier noch einmal und richte dabei deine ganze Aufmerksamkeit auf die Hauptfigur der Frau am Fenster. Nutze die Bausteine im Infokasten für dich als Übersicht und Informationsquelle.

INFO

Bausteine zur Charakterisierung einer literarischen Figur

Um Anhaltspunkte für die Charakterisierung einer literarischen Figur gewinnen zu können, kannst du **Fragen** stellen. Diese Fragen sind eine gute Hilfe, um sich dem Charakter einer literarischen Figur zu nähern. Man findet aber nicht immer zu jeder Frage einen Anhaltspunkt oder eine Antwort, denn jeder Text ist ja anders.

- Was sagt der **Erzähler** / die **Erzählerin** mit Kommentaren und Beschreibungen **direkt** über den Charakter der Figur aus?
- Was sagen **andere Personen** des Textes über den Charakter der Figur aus?
- Welche Rückschlüsse kann man aus den **Gedanken** und **Gefühlen** der Figur auf ihren Charakter ziehen?
- Was lässt sich aus ihrem **Handeln** im Hinblick auf ihren Charakter schließen?
- Welche Eigenschaften kann man an ihren **Reaktionen auf andere Personen** erkennen?
- Welche Rückschlüsse lassen sich aus ihren **Reden / Handlungen** über ihren Charakter ziehen?
- Welche **Wirkung** geht von der Figur auf den Leser / die Leserin aus?

2 Notiere Charaktermerkmale der Frau zu den Textbeispielen **A–G**.

A: Erzählerkommentare über die Figur:
Im **dritten Satz** der Geschichte kommentiert der Erzähler die Frau am Fenster.
Schau dir diesen Satz an.
Was kannst du aus diesem Satz über den Charakter der Frau schließen?

Auch an einigen anderen Textstellen charakterisiert der Erzähler die Frau.
Gehe auf Spurensuche und notiere:

B: Gedanken der Figur:
Im **vierten Satz** der Geschichte steht, was die Frau über sich selbst denkt.
Schau dir diesen Satz an. Was sagt dieser Satz über den Charakter der Frau aus?

C: Reaktionen der Figur:

In Zeile 20 und 23 kannst du lesen, wie die Frau auf den alten Mann reagiert.
Schau dir diese Stellen noch einmal genau an.
Was kannst du aus diesen Reaktionen schließen?

D: Gefühle der Figur:

In Zeile 27 findest du einen Hinweis darauf, welche Gefühle die Frau überkommen, als sie den Alten beobachtet. Schau dir diese Stelle an und mache dir Notizen.

E: Aussagen der Figur:

Was sagt es über den Charakter der Frau aus, dass sie „die Polizei verständigt"? (Zeile 30)

F: Handlungen der Figur:

Welchen Schluss auf den Charakter der Frau ziehst du daraus, dass sie sich der Menge der Neugierigen angeschlossen hat? (Zeile 39).

G Wirkung auf dich als Leser / Leserin:

Wie wirkt diese Frau auf dich?

„Faust – Der Tragödie erster Teil": Eine Szene untersuchend erschließen

Der folgende Text ist ein Auszug aus Johann Wolfgang von Goethes Drama „Faust – Der Tragödie erster Teil".

Faust und Gretchen sind sich durch Mephistos Wirken näher gekommen. Gretchen ist so verliebt in Faust, dass sie inzwischen bereit ist, ihrem Liebsten blind zu folgen. Auch Faust hat starke Gefühle für Gretchen, doch es macht ihm Angst, wie abhängig er bereits von Mephisto ist. Daher braucht er Abstand, um in Ruhe nachzudenken. Dafür zieht er sich eine Weile in die Einsamkeit der Natur zurück ***(Wald und Höhle)****.*
Er ahnt, dass die Beziehung zu Gretchen ein tragisches Ende nehmen wird, da Mephisto sie nur als Mittel zum Zweck benutzt. Außerdem will Faust sein eigentliches Bestreben – die Erkenntnis der Welt – nicht aus den Augen verlieren.
Währenddessen bleibt Gretchen allein in Ungewissheit zurück.

Gretchens Stube (HA: Vers 3374–3413)

Gretchen am Spinnrade allein.

Meine Ruh ist hin,
Mein Herz ist schwer;
Ich finde sie nimmer
Und nimmermehr.

Wo ich ihn nicht hab,
Ist mir das Grab,
Die ganze Welt
Ist mir vergällt.

Mein armer Kopf
Ist mir verrückt,
Meiner armer Sinn
Ist mir zerstückt.

Meine Ruh ist hin,
Mein Herz ist schwer;
Ich finde sie nimmer
Und nimmermehr.

Nach ihm nur schau ich
Zum Fenster hinaus,
Nach ihm nur geh ich
Aus dem Haus.

Sein hoher Gang,
Sein edle Gestalt,
Seines Mundes Lächeln,
Seiner Augen Gewalt,

Und seiner Rede
Zauberfluss,
Sein Händedruck,
Und ach sein Kuss!

Meine Ruh ist hin,
Mein Herz ist schwer;
Ich finde sie nimmer
Und nimmermehr.

Mein Busen drängt
Sich nach ihm hin.
Ach dürft ich fassen
Und halten ihn,

Und küssen ihn,
So wie ich wollt,
An seinen Küssen
Vergehen sollt!

Text 4 (Kommentar)

E-Books sind praktisch – ersetzen aber keine Bücher (Text verändert)

Johannes Klaus (Reiseblogger)

A Als ich das Buch aus dem Regal ziehe und aufschlage, knistert es vertraut. Zwischen den Seiten rieseln Sandkörner heraus, und ich fühle mich für einen Moment an den Strand versetzt, wo ich es voriges Jahr nach vollendeter Lektüre zugeschlagen hatte. Hach, denke ich, das war eine tolle Reise.

B „Ich habe nur noch einen E-Reader dabei, da habe ich Zugriff auf Millionen Bücher und nahezu kein Gewicht", erzählte mir ein Bloggerkollege kürzlich, „super praktisch!" Ja, sicher, dachte ich, aber „praktisch" – ist das denn alles? Möchte ich in der begrenzten Zeit, die ich ohne einen Bildschirm vor der Nase verbringen kann, diese Freiheit freiwillig aufgeben? Nee, danke.

C Die Optionslosigkeit eines Buches ist sehr wertvoll: Lesen. Weiterblättern. Lesen. Kein „Oh, ich probier' schnell mal ein anderes, bei Millionen Büchern gibt es bestimmt noch ein besseres." – Nur das Buch und ich!

D Klar: Als Reiseblogger bin ich mit den Vorteilen moderner Geräte und des Internets vertraut. Doch Digitales vergeht so schnell, dass es mir beinahe unheimlich ist. Erst wenn jemand sich die Mühe macht, etwas in die analoge Welt zu bringen, hat es die Chance auf eine gewisse Beständigkeit. Inhalte bekommen in einem Buch etwas Verbindliches – viel mehr als Blogartikel es je sein kann.

E Gehaltvolle Ideen gehören in ein Buch, denn erst da können sie richtig wirken. Ein schönes Buch ist für mich mehr, als nur Inhalte zu konsumieren. Genauso, wie man einen feinen Rotwein aus einem Glas trinkt und nicht aus einem Plastikbecher, genauso wichtig ist mir, ein Buch in der Hand zu fühlen, das Papier, die im Detail passende Gestaltung. Etwas Schönes sehen, berühren, Freude daran haben: So geht es mir mit schönen Büchern.

7 Formuliere kurze Zwischenüberschriften zu den Abschnitten **A–E**.

____

____

8 Markiere in den Abschnitten **C, D** und **E** …
a) was aus Sicht des Autors für „schöne Bücher" spricht.
b) was der Autor an „Digitalem" kritisiert.

9 Weise nach, dass es sich bei diesem Text um einen persönlichen **Kommentar** handelt. Zitiere dazu zwei Textbelege.

____

______________________________________ (Zeile ____)

____

______________________________________ (Zeile ____)

Hinweise & Tipps

zu Text 4
Erschließe dir den Text zunächst inhaltlich.
- Woran erinnert sich der Autor?
- Welche Frage stellt
- er sich dann?
- Wie fällt seine Antwort aus?

Optionslosigkeit: ohne Wahlmöglichkeiten

zu Aufgabe 7
A: *Eine Erinnerung an …*
B: *Freiheit aufgeben …*
C: *Wertvolle …*
D: *Eine Chance auf …*
E: *Ein schönes Buch …*

zu Aufgabe 8
Markiere in zwei verschiedenen Farben.

zu Aufgabe 9
Setze Zitate in Anführungszeichen, gib die Zeilen an.
Achte auf den genauen Wortlaut, Rechtschreibung und Zeichensetzung.

Text 5

Das letzte Buch

Marie Luise Kaschnitz

Das Kind kam heute spät aus der Schule heim. Wir waren im Museum, sagte es. Wir haben das letzte Buch gesehen. Unwillkürlich blickte ich auf die lange Wand unseres Wohnzimmers, die früher einmal mehrere Regale voller Bücher verdeckt haben, die aber jetzt leer ist und weiß getüncht, damit das neue plastische Fernsehen darauf erscheinen kann. Ja und, sagte ich erschrocken, was war das für ein Buch? Eben ein Buch, sagte das Kind. Es hat einen Deckel und einen Rücken und Seiten, die man umblättern kann. Und was war darin gedruckt, fragte ich. Das kann ich doch nicht wissen, sagte das Kind. Wir durften es nicht anfassen. Es liegt unter Glas. Schade, sagte ich. Aber das Kind war schon weggesprungen, um an den Knöpfen des Fernsehapparates zu drehen. Die große, weiße Wand fing an zu beben, sie zeigte eine Herde von Elefanten, die im Dschungel eine Furt durchquerten. Der trübe Fluss schmatzte, die eingeborenen Treiber schrien. Das Kind saß auf dem Teppich und sah die riesigen Tiere mit Entzücken an. Was kann da schon drinstehen, murmelte es, in so einem Buch.

10 Fasse den Inhalt der Kurzgeschichte zusammen.

11 Zitiere aus dem Text eine Metapher bzw. Personifikation:

_______________________________________ (Zeile ______)

und eine rhetorische Frage: _______________________________________

_______________________________________ (Zeile ______)

12 Weise nach, dass es sich bei diesem Text um eine Kurzgeschichte handelt. Notiere drei typische Merkmale von Kurzgeschichten, die auf diese Geschichte zutreffen.

Hinweise & Tipps

zu Text 5

Du sollst dir eine Kurzgeschichte erschließen.

- Notiere, worum geht es.
- Markiere im Text die Personen und was sie sagen. Was fällt bei den wörtlichen Reden auf?
- Aus welcher Perspektive wird erzählt, in welcher Zeitform (Basistempus)?
- Wo wirkt die Sprache sachlich berichtend, wo eher anschaulich erzählend?
- Markiere sprachliche Mittel, wie Metapher, Personifikation, rhetorische Frage.

zu Aufgabe 10

Gib für die Inhaltswiedergabe die Handlungsschritte knapp wieder. Beachte dabei diese „Regeln":

- Präsens
- keine Ich-Form
- keine wörtliche Rede

Die Kurzgeschichte „..." von ... spielt in einer fiktiven Zukunft.
Ein Kind kommt ... Es erzählt vermutlich der Mutter, dass ...
Diese reagiert ... Aber das Kind ...

zu Aufgabe 11

Setze die Zitate in Anführungszeichen, gib die Zeilen an. Achte auf den exakten Wortlaut, Rechtschreibung und Zeichensetzung.

zu Aufgabe 12

Antworte in Stichwörtern oder in kurzen Sätzen. Schlage bei Bedarf im Register deines Schulbuchs unter „Kurzgeschichten" nach.

Text 6

Das Buch

Robert Gernhardt

Ums Buch ist mir nicht bange.
Das Buch hält sich noch lange.

Man kann es bei sich tragen
und überall aufschlagen.

Sofort und ohne Warten
kann man das Lesen starten.

Im Sitzen, Liegen, Knien
ganz ohne Batterien.

Beim Fliegen, Fahren, Gehen –
ein Buch bleibt niemals stehen.

Beim Essen, Kochen, Würzen
ein Buch kann nicht abstürzen.

Die meisten andren Medien
tun sich von selbst erledigen.

Kaum sind sie eingeschaltet,
heißts schon: Die sind veraltet!

Und nicht mehr kompatibel –
marsch in den Abfallkübel

Zu Bändern, Filmen, Platten,
die wir einst gerne hatten,

und die nur noch ein Dreck sind.
Weil die Geräte weg sind

und niemals wiederkehren,
gibts nicht zu sehn, zu hören.

Es sei denn, man ist klüger
und hält sich gleich an Bücher,

die noch in hundert Jahren
das sind, was sie stets waren:

Schön lesbar und beguckbar,
so stehn sie unverruckbar

in Schränken und Regalen,
und die Benutzer strahlen:

Hab'n die sich gut gehalten!
Das Buch wird nicht veralten.

13 Robert Gernhardt hat viele humorvolle Gedichte geschrieben. Zitiere Wörter oder Verse, die in dem Gedicht „Das Buch" in besonderer Weise zur Komik beitragen.

________________________ (Vers: ____)

________________________ (Vers: ____)

________________________ (Vers: ____)

14 Nenne Gründe, die in dem Gedicht für das Lesen von gedruckten Büchern vorgebracht werden.

____

____

____

____

____

Hinweise & Tipps

zu Text 6

Ein Gedicht mit Leitfragen erschließen.

- Wie wirkt das Gedicht auf dich?
- Welches Anliegen wird vorgetragen?
- Wo äußert sich das Ich persönlich?
- Wo wird argumentiert, appelliert und ein Fazit gezogen?

Ein Gedicht untersuchen

- Beschreibe die Form: Strophen, Verse, Reimschema
- Unterstreiche sprachliche Mittel, z. B. Lautmalerei, Metapher/Personifikation, Umgangssprache, Fachwörter.
- Markiere Textstellen, die humorvoll oder komisch wirken.

zu Aufgabe 13

Setze die Zitate in Anführungszeichen, gib die Zeilen an.
Achte auf den exakten Wortlaut, Rechtschreibung und Zeichensetzung.

zu Aufgabe 14

Nenne mindestens fünf unterschiedliche Gründe.
Antworte in Stichwörtern oder in kurzen Sätzen.

Training für die Abschlussprüfung II: Zwei Aufgaben zur Wahl

In **Teil II** des Abschlusstrainings sollt ihr einen zusammenhängenden Text schreiben – entweder auf der Grundlage der journalistischen Texte 1–4 (siehe Seite 66–69) oder der literarischen Texte 5 und 6 (siehe Seite 70–71).

- Lies die folgenden beiden Wahlaufgaben aufmerksam. Entscheide dich dann für Wahlaufgabe 1 oder Wahlaufgabe 2.
- Die Wahlaufgaben bestehen aus mehreren Teilaufgaben. Sie sind der Schreibplan, an den du dich halten musst.
- Lies die Aufgabenstellungen mit dem Stift in der Hand: Markiere und unterstreiche.
- Zusätzliche Hinweise & Tipps sollen dich – je nach Bedarf – bei der Lösung dieser Trainingsaufgaben unterstützen.
- Bearbeite eine Teilaufgabe nach der anderen. Schreibe den Text auf ein Extrablatt.

Wahlaufgabe 1

1 Setze dich mit dem Thema ***„Haben Bücher eine Zukunft oder lesen wir bald nur noch digital?“*** kritisch auseinander.

- Schreibe einen informierenden und argumentierenden Text.
- Bearbeite dazu die Aufgaben **a)** bis **f)**. Achte auf Überleitungen. Gliedere deinen Text durch Absätze.

a) Stelle einleitend kurz die Karikatur des Zeichners Scharwel vor **(Text 1)**.

b) Informiere darüber, in welchem Umfang Bücher und E-Books gelesen werden. Beziehe dich auf die Ergebnisse der Bitkom-Umfrage **(Text 2)**. Gib eine persönliche Wertung ab.

c) Informiere über das Leseverhalten von E-Book-Usern und darüber, was Fachleute dazu sagen **(Text 3)**.

Hinweise & Tipps

zu Aufgabe 1

- Beachte den genauen Wortlaut des Themas. Markiere wichtige Wörter.
- Markiere, was du beim Verfassen des Textes beachten solltest.

zu a)

Nenne das Thema. Schildere kurz die Karikatur. Stelle ihre Kritik in Frage und leite zu Teilaufgabe b) über.

Haben Bücher keine Zukunft mehr, lesen …?

Auf diese Frage … Auf der Karikatur von … sieht man … Haben Bücher also wirklich …?

zu b)

Nenne Quelle und Jahr der Erhebung.
Beschreibe die Ergebnisse.
Ziehe Schlussfolgerungen.

In einer Studie von … aus dem Jahr … wurde die Frage gestellt: … Mit …. antworteten … Vor allem zeigt die Umfrage, dass … Also … Meiner Meinung nach …

zu c)

Nenne Quelle und Jahr der Umfrage.
Beschreibe das Leseverhalten. Füge Zitate ein.

Das Leseverhalten der E-Book-User wurde untersucht. Als Lesegeräte genutzt werden vor allem … Besonders die Jüngeren lesen …

d) Argumentiere, warum Leser/Leserinnen lieber zu Büchern oder zu E-Books greifen **(Text 4)**. Führe einige Argumente an, die dir wichtig sind. Ergänze sie mit Beispielen, auch aus deiner Leseerfahrung.

zu d)
Knüpfe an den vorhergehenden Abschnitt an. Beschränke dich auf die Argumente, die dir wichtig sind und entfalte diese.
E-Books verändern also … Denn …
Aus meiner Sicht spricht vor allem für …, dass … Deshalb … So … Außerdem …
Zum Beispiel …
Auf diese Weise habe ich zum Beispiel …
Aber es gibt auch gibt viele Gründe …
Einige … Andere …
Der wichtigste Grund aber, warum so viele …
Dagegen ist …

e) Ziehe ein abschließendes Fazit. Beurteile, wie sich deiner Meinung nach die Bedeutung von Büchern und E-Books weiterentwickeln wird. Und welche Folgen könnte das für dich und andere Leserinnen und Leser haben?

zu e)
Erkläre abschließend, wie du die Entwicklung einschätzt: Wird die Bedeutung von E-Books in Zukunft wachsen? Werden sie das traditionelle Buch ganz und gar verdrängen? Wie wirst du in Zukunft lesen?
Am Ende meiner Überlegungen komme ich zu dem Fazit, dass … Vermutlich werden … Aber ich bin auch der Überzeugung … Ich denke, mir geht es wie vielen Jugendlichen: Ich lese … Für mich … Und es wäre doch (schade/schön/bedauerlich/wünschenswert), wenn …

f) Kontrolliere und korrigiere deinen Text.

zu f)
Beachte dazu die Aufgabe 3 auf Seite 74.

Wahlaufgabe 2

2 Stell dir vor, du postest ab und zu in einem Buch-Blog. Heute schreibst du zum Thema „Welche Zukunft hat das Buch?“. Dazu stellst du deinen Lesern und Leserinnen zwei literarische Texte vor **(Text 5 und 6)**.
- Schreibe einen interpretierenden und appellierenden Blogpost.
- Bearbeite die Aufgaben **a)** bis **e)**.

zu Aufgabe 2
- Beachte den genauen Wortlaut des Themas. Welches Buch ist gemeint? Markiere wichtige Wörter.
- Markiere, was du beim Verfassen des Textes beachten solltest.

a) Begrüße deine Leser/Leserinnen. Überlege einleitend, warum du dir Gedanken über die Zukunft von Büchern machst.

zu a)
Sprich deine Leser/Leserinnen an und führe in das Thema ein.
Achte auf Überleitungen.
So ähnlich kannst du beginnen:
Hallo, liebe Leserinnen und Leser,
geht es euch auch so wie mir? Immer öfter lese ich am Smartphone statt in einem Buch. Da kann man sich schon Gedanken machen, ob Bücher … Deshalb möchte ich euch heute …

b) Stelle die Kurzgeschichte „Das letzte Buch“ von Marie Luise Kaschnitz vor **(Text 5)**. Gib eine kurze Zusammenfassung des Inhalts und deute den Text.

zu b)
Erkläre, worum in der Kurzgeschichte geht und wie du sie interpretierst. Füge ab und an ein Zitat als Beleg für deine Aussagen ein.
Der erste Text ist die Kurzgeschichte … von …
Erzählt wird …
Die Handlung spielt …
Es geht um … Daraufhin …
Das Verhalten des Kindes er kläre ich mir so:
Der Ich-Erzähler/Die Ich-Erzählerin dagegen …
Offen bleibt für mich, warum …
Sprachlich auffällig finde ich …

c) Stelle das Gedicht „Das Buch“ von Robert Gernhardt vor **(Text 6)**. Deute den Inhalt, die Form (Art der Strophen, Verse, Reime) und die Wirkung des Gedichtes.

zu c)
Auch das Gedicht soll interpretiert werden. Knüpfe in der Überleitung an den vorhergehenden Abschnitt an.
Füge auch hier Zitate ein.
Ganz anders dagegen wirkt der zweite Text,
das Gedicht … von …
Gleich in den ersten beiden Versen …
Humorvoll schildert das Gedicht …
Es wird ausdrücklich davor gewarnt …
Und es wird empfohlen, …
Die Versform ist … Diese Form unterstreicht …
Hinter dem Witz erkenne ich …

d) Beschreibe im Schlussteil, wie die beiden Texte auf dich gewirkt haben. Ziehe ein Fazit. Richte abschließend eine persönliche Empfehlung oder Bitte an die Leser und Leserinnen des Blogs.

zu d)
Stelle die unterschiedliche Wirkung der Texte gegenüber. Formuliere eine Schlussfolgerung.
Verabschiede dich mit einem persönlichen Appell an die Leserinnen und Leser.
Beide Texte finde ich …
Die Kurzgeschichte von Marie Luise Kaschnitz stimmt mich …
Robert Gernhardts Gedicht hat mich …
Ich denke … Wir alle …
Also, liebe Leute, … Bitte, …

e) Kontrolliere und korrigiere deinen Text.

zu e)
Beachte dazu die folgende Aufgabe 3.

3 Kontrolliere deinen Text sorgfältig:
- Hast du alle Aufgaben und Teilaufgaben bearbeitet und nichts übersehen?
- Korrigiere sprachliche Fehler in Bezug auf Ausdruck, Grammatik, Rechtschreibung, Zeichensetzung.
- Tauscht eure Arbeiten untereinander aus und bewertet sie gegenseitig. Hinweise dazu findet ihr im Lösungsteil des Arbeitsheftes.

Die Großschreibung

INFO

Die wichtigste Strategie der Großschreibung

Ein Wort wird grundsätzlich großgeschrieben, wenn davor ein **flektiertes Adjektiv** (ein Adjektiv mit einer Endung) steht – oder wenn man sich eines hinzudenken kann.

So könnte man *schreiben / Schreiben lernen* klein oder großschreiben.
Steht aber ein Adjektiv **ohne Endung** davor, so schreibt man **klein**:
richtig schreiben lernen.
Und steht ein Adjektiv **mit einer Endung** davor, so schreibt man es **groß**:
*richtiges **S**chreiben lernen.*

1 Schreibe die Wörter in GROßBUCHSTABEN richtig in die Zeilen hinein. Unterstreiche die Endungen der davorstehenden Adjektive.

Bei spontanem SCHREIBEN ________________ denkt man zuerst an das, was man sagen will und nicht an das richtige RECHTSCHREIBEN ________________. Wer aber an andere schreibt, sollte richtig SCHREIBEN ________________. Richtiges SCHREIBEN ________________ ist eine Sache der Höflichkeit. Wer einen Text liest und vieles FALSCHE ________________ darin findet, ärgert sich über den Schreiber. Nach dem Schreiben sollte man den Text noch einmal aufmerksam DURCHLESEN ________________. Bei genauerem DURCHLESEN ________________ findet man meistens auch Fehler. Natürlich sollte man die dann auch wirklich BERICHTIGEN ________________. In zweifelhaften FÄLLEN ________________ braucht man dazu ein Wörterbuch. Das kluge BERICHTIGEN ________________ fördert dann auch das Rechtschreiben. Doch das richtige GROßSCHREIBEN ________________ von vielen Wörtern unserer Sprache zu erlernen, ist nicht leicht. Man konnte es aber im Deutschen gut REGELN ________________. Doch die vielen REGELN ________________ muss man sich merken. Die wichtigste von ihnen habt ihr auf dieser Seite gelernt. Hoffentlich könnt ihr sie in euren Köpfen gut SPEICHERN ________________. Denn auf das richtige SPEICHERN ________________ kommt es an!

Fehler finden und korrigieren

1 Lies dir diesen Text erst einmal durch, damit du weißt, worum es geht.

2 Lies jetzt den Text mit ganzer Aufmerksamkeit auf die Groß- und Kleinschreibung. Es befinden sich 12 Fehler darin. Dabei wurden jeweils Wörter kleingeschrieben, die nach einem Adjektiv mit einer Endung stehen – oder großgeschrieben, die nach einem Adjektiv ohne Endung stehen. Unterstreiche diese Fehlerwörter und korrigiere sie am Rand – zusammen mit den dazugehörigen Adjektiven.

Was macht uns glücklich?

Seit 2012 wird in jedem Jahr der „Weltglücksbericht" vorgestellt. Darin wird erhoben, in welchen Ländern die glücklichsten Menschen der Welt leben.

Was aber macht Menschen glücklich? Wir würden wohl sofort einige handfeste Merkmale für glückliches leben nennen können wie die kleinen Alltagsfreuden, eine gute Gesundheit, ein großes vertrauen in unsere Regierung usw.

glückliches Leben

Das richtige messen, ob Menschen ein glückliches empfinden haben, geschieht mit bestimmten Kriterien wie Freiheit, Fürsorge, Großzügigkeit, Ehrlichkeit, Gesundheit, Einkommen und eine gute Regierung. Dabei kommt es auf individuelles wahrnehmen dieser Kriterien an. Die Befragten müssen also angemessen Beurteilen, ob sie sich wirklich frei fühlen, ob ihnen ein ausreichendes einkommen zur Verfügung steht, ob für ein gesundes leben gesorgt ist usw.

Die Menschen unserer Welt beantworten diese Frage auf sehr unterschiedliche weise. Dabei konnten seit Jahren die skandinavischen Länder gut abschneiden. Finnland konnte sich 2020 auf Rang 1 sicher Platzieren. Das erneute platzieren von Deutschland auf Rang 17 zeigt deutlich, dass die Deutschen viel weniger zufrieden sind als viele ihrer europäischen Nachbarn. Das ist zwar schlecht im europäischen Vergleich, aber angesichts der 156 befragten Länder doch ein noch zufriedenstellendes abschneiden.

3 Wenn du auf einer Skala von 1–10 eintragen solltest, wie glücklich du selbst bist, welche Zahl würdest du wählen? Kreuze an. Vergleicht eure Ergebnisse.

1	2	3	4	5	6	7	8	9	10

Signale der Großschreibung

Signale der Großschreibung

INFO

Bezieht sich ein **Artikel** auf ein nachfolgendes Wort, so wird es **großgeschrieben**:
***der** → **Z**orn, **die** → **W**ut, **das** → **G**lück, **der** (riesige) → **S**paß, **die** (tiefe) → **R**uhe, **das** (große) → **P**ech.*

Das gilt auch für **Präpositionen** mit **„versteckten" Artikel**:
***beim** (bei dem) **T**urnen, **zum** (zu dem) **S**chwimmen, **im** (in dem) **S**itzen, **durchs** (durch das) **D**unkle.*

Bezieht sich ein **Possessiv-** oder **Indefinitpronomen** auf ein nachfolgendes Wort, so wird es **großgeschrieben**, wenn es eine Endung hat:
Possessivpronomen: ***mein** → **F**ahrrad, **unsere** → **S**chule, **ihre** → **H**alskette.*
Indefinitpronomen: ***alles** → **G**ute, **nichts** → **N**eues, **etwas** → **S**chönes.*
Wenn es **keine Endung** hat, wird es **kleingeschrieben**: *Das ist echt gut. Das ist etwas komisch.*

1 Schreibe die Wörter in GROẞBUCHSTABEN richtig in die Zeilen.
Unterstreiche die Signale für die Großschreibung.
Manchmal werden sie großgeschrieben, manchmal klein.

Kurze Sätze

Ich habe kürzlich etwas INTERESSANTES *Interessantes* ______ gelesen:

Die Sätze in unserer Sprache werden zum GLÜCK ____________ immer kürzer.

Beim SPRECHEN ____________ verwenden wir sowieso meistens kurze Sätze.

Doch wenn wir SCHREIBEN ____________, sind unsere Sätze oft ziemlich lang.

Und beim LESEN ____________ von Büchern findet man manchmal Sätze über eine halbe Seite.

Heute bestimmen Facebook, Twitter und WhatsApp unser SCHREIBEN ____________.

In diesen Medien fasst man sich im ALLGEMEINEN ____________ sehr kurz.

Auch in Zeitungen sind die Sätze im GROẞEN und GANZEN ____________

heute kürzer. Ich meine, das ist für uns alle zum VORTEIL ____________.

Das UMFORMEN ____________ langer Sätze in kurze Sätze ist ja meistens gut möglich.

Wichtig ist doch vor ALLEM ____________, dass man verstehen kann, was gemeint ist.

Das ist auf jeden FALL ____________ meine Meinung.

Ob sie für alles, was wir schreiben, auch stimmt? Absolut SICHER ____________ bin ich mir nicht.

2 Schreibe richtig auf:

Das fiktive ICH ________ in der Ballade ist ein „Zauberlehrling". ICH ________ bin ICH ________, und DU ________ bist DU ________. Die Erzählerin redet ihre Leser mit vertrautem DU ________ an. Sag doch nicht immer WENN ________ und ________! Dein ewiges WENN ________ und ABER ________ geht mir auf die Nerven.

Getrennt- und Zusammenschreibung

INFO

Getrennt- und Zusammenschreibung

Nomen und **Verb** schreibt man **getrennt**:
Rad fahren – Rad zu fahren – Ich bin Rad gefahren …

Verb und **Verb** schreibt man **getrennt**:
stehen bleiben – stehen zu bleiben – Ich bin stehen geblieben …

Werden diese Verbindungen aber als **Nomen** gebraucht, schreibt man sie **zusammen**:
Das Radfahren, beim Schlangestehen, zum Spazierengehen …

Manche Verbindungen sind so eng zusammengewachsen, dass man sie **zusammenschreibt**:
kopfstehen, teilnehmen, eislaufen, sitzenbleiben (nicht versetzt werden) …

1 Schreibe die unterstrichenen Verbindungen richtig auf. Achte dabei auch auf die Groß- und Kleinschreibung. Schlage zur Sicherheit im Wörterbuch nach!

Platter Reifen

Ich habe mich entschlossen, heute zur Schule mit dem radzufahren. ______
Doch auf halber Strecke bin ich liegengeblieben. ______
Ich hatte mir nämlich einen plattengefahren. ______
Ich war also dazu verurteilt, wartenzumüssen. ______
Mit dem Handy bat ich meine Mutter, mich in die schulezufahren. ______
Sie sagte aber, dass sie nicht kommenkann. ______
Also entschloss ich mich zum fahrradschieben. ______
Das war kein spazierengehen, ______
sondern, weil es gefroren hatte, eine Art eislaufen. ______
Natürlich konnte ich an der ersten Stunde nicht mehr teilnehmen. ______
Die Lehrerin fragte dann: „Du hast wohl eine pannegefahren?“ ______
Ich sagte: „Nein, pannegeschoben!“ ______
Und fügte hinzu: „Aber deshalb werde ich nicht sitzenbleiben.“ ______
Nächstes Mal werde ich jedenfalls wieder schulbusfahren. ______
Beim radfahren hat man einfach zu viel Pech. ______
Es ist viel sicherer, Buszufahren. ______
Da hat man mit dem zu spät kommen kein Problem. ______
Noch besser wäre es, Auto zufahren. ______
Doch dafür ist meine Mutter selten zugewinnen. ______

Zusammenschreibung

Die Zusammenschreibung mit Verben

INFO

Jedes Wort hat einen einzigen Betonungsschwerpunkt (Akzent), auch wenn es aus mehreren Einzelwörtern zusammengesetzt ist; und der **Akzent** liegt in der Regel auf dem **ersten** Wort: *Kl**á**ssensprecherin, Verw**á**ltungsangestellter, B**ú**ndestagspräsident…*

Adverbien werden mit **Verben zusammengeschrieben**, wenn das **erste** Wort, das Adverb, **betont** ist: *aufein**á**nderprallen, zus**á**mmenhalten, v**ó**rwärtsfahren, gegenein**á**nderdrücken …* Werden jedoch **beide Wörter betont**, schreibt man getrennt: *gegenein**á**nder **á**ntreten …*

1 Schreibe die unterstrichenen Wortkombinationen richtig auf. Orientiere dich an den Regeln im Info-Kasten. Sprich dir also die Wörter vor, damit du hörst, wie sie betont werden.

Die beiden Autos sind aufeinander/gestoßen. ____________________

Sie haben sich ineinander/verkeilt. ____________________

Die beiden sind gut miteinander/ausgekommen. ____________________

Werra und Fulda sieht man zur Weser ineinander/fließen. ____________________

Die Mannschaften sind gegeneinander/angetreten. ____________________

Wir können den schweren Stein nur zusammen/tragen. ____________________

Er hat viele Informationen fürs Referat zusammen/getragen. ____________________

Um die Fahrt zu besprechen, müssen wir uns zusammen/setzen. ____________________

Die beiden Mädchen hatten vor, sich zusammen/zu/setzen. ____________________

Sie lud ihn ein, in ihrem Auto mit/zu/fahren. ____________________

Die beiden Schwestern konnten nicht miteinander/auskommen. ____________________

Der Klebstoff hat die Papierseiten gut zusammen/gehalten. ____________________

Wir nahmen uns vor gegen die Gegner gut zusammen/zu/halten. ____________________

Wir beide müssen die Leiter ganz fest zusammen/halten. ____________________

Mein Vater hat es geschafft, rückwärts/ein/zu/parken. ____________________

Wir sind noch einmal mit viel Glück davon/gekommen. ____________________

Das ist davon/gekommen, dass wir durchgehalten haben. ____________________

2 Schreibe die WÖRTER richtig dahinter:

Wir entschlossen uns, am Mittwoch ZUSAMMEN/ZU/KOMMEN ____________________.

Bei unserer ZUSAMMEN/KUNFT ____________________ wollten wir feiern.

Dabei wollten wir auch ZUSAMMEN/SINGEN ____________________.

Die Konjunktion *dass*

1 Manchmal können *das*- und *dass*-Sätze völlig gleich aussehen.
Es kommt auf die Hauptsätze an, die diesen Nebensätzen vorausgehen.
Setze in die folgenden Sätze *das* oder *dass* ein:

Sie ärgerte sich, ____________ sie verloren hatte.

Sie fand ihr Geld wieder, ____________ sie verloren hatte.

2 Unterstreiche nun die Wörter im vorausgehenden Hauptsatz, auf die sich *das*- und *dass*-beziehen.

INFO

Sätze mit *das* oder *dass*

Ein Nebensatz mit ***das*** bezieht sich in der Regel auf ein vorausgehendes **Nomen** im Neutrum:
Dort ist das endlos lange ***Wegstück****, (was für ein Wegstück?) ← **das** ich zur Schule laufen muss.*
Ein Nebensatz mit ***dass*** gibt an, was bei einem vorausgehenden **Verb** offen bleibt.
*Es **ärgert** mich manchmal, (was ärgert mich?) → **dass** ich zur Schule laufen muss.*

Manchmal kommt das Verb im vorausgehenden Hauptsatz allerdings in der Form eines **Nomens** vor, also statt ***ärgert*** *mich: Es macht mir **Ärger**, → **dass** ich zur Schule laufen muss.*
Und manchmal kommt das Verb in der Form eines **Adjektivs** vor:
*Ich bin **ärgerlich** darüber, → **dass** ich zur Schule laufen muss.*

3 Setze in die Lücken *dass* oder *dass* ein. Orientiere dich an den Hinweisen im Info-Kasten.

Sie kommt zu spät zum Frühstück, ________________ sie verschlafen hat.

Sie ärgert sich darüber, ________________ sie verschlafen hat.

Sie freut sich darauf, ________________ sie morgen einkaufen wird.

Sie freut sich auf das Kleid, ________________ sie morgen einkaufen wird.

Sie holte sich ein Brötchen, ________________ sie mit gutem Appetit aß.

Sie war nach ihrer Krankheit froh darüber, ________________ sie mit gutem Appetit aß.

Man lachte darüber, ________________ sich der Junge unter dem Tisch versteckt hatte.

Er fand das Stück Schokolade wieder, ________________ er unter dem Tisch versteckt hatte.

4 Setze in die Lücken *dass* oder *das* ein.

Ein Kind soll sich in das Auto setzen, ______________ am Straßenrand steht. Das Kind will ______________ aber nicht. Es haut mit den Fäusten auf die Kühlerhaube, ______________ es nur so scheppert. Eine Nachbarin sieht ____________ und fragt die Mutter Im rheinischen Dialekt: „Darf dat ____________ dat ____________?“ Die Mutter hört sich ______________ an, sagt aber nichts. Da schüttelt die Frau mit dem Kopf und sagt empört: „So ein Kind heute! Dat ______________ dat ______________ dat ______________ darf!“

Dass oder das?

1 Verbinde die folgenden Sätze jeweils mit *dass* oder *das*. Bei den Zeilen, die unter den Sätzen stehen, musst du das in Klammern stehende es in *das* oder *dass* umformen. Setze auch die Kommas ein. Manchmal passt ein Semikolon besser!

Verregneter Ausflug

Der Wetterbericht sagte voraus ______________________________.
am Sonntag scheint die Sonne.

John und Mary konnten nicht ahnen ______________________________.
die Vorhersage war falsch.

Jeder weiß ______________________________.
(es) kommt manchmal vor.

Mary holte also ihr Rad heraus ______________________________.
(es) stand im Keller.

Sie holte John ab ______________________________.
(es) war so verabredet.

Der hatte aber verschlafen ______________________________.
(es) kommt auch manchmal vor.

Doch dann fuhren sie auf das Wäldchen zu ______________________________.
(es) lag am Stadtrand

Dort aßen sie ihr Picknick ______________________________.
sie hatten (es) mitgebracht.

Kaum hatten sie alles so ausgebreitet ______________________________,
sie bekamen Appetit,

da hörten sie ein Donnern ______________________________.
(es) war aber noch sehr fern.

Plötzlich wurde es so dunkel ______________________________.
sie packten alles wieder ein.

Sie hatten aber nicht gedacht ______________________________.
der Regen würde so schnell kommen.

Der prasselte so heftig nieder ______________________________.
sie wurden völlig durchnässt.

Er pladderte in das Geschirr ______________________________.
(es) stand auf dem Waldboden.

John war so sauer ______________________________.
er trat gegen die Tassen.

Mary meinte aber ______________________________.
(es) gehe sicher bald wieder vorüber.

Doch die beiden mussten erfahren ______________________________.
ihre Fahrt war ins Wasser gefallen.

Er glaube, sagte John ______________________________.
er hätte besser im Bett bleiben sollen.

2 Die beiden Sätze sehen sehr ähnlich aus. Und doch werden sie verschieden geschrieben: Einmal mit *das* und einmal mit *dass*. Vergiss die Kommas nicht!

Ein solches Pech __________ nämlich eine Freundschaft auf die Probe gestellt wird hat man öfter.

Ein solches Pech __________ eine Freundschaft auf die Probe stellt hat man öfter.

Das Komma zwischen Hauptsatz und Nebensatz

INFO

Nebensätze werden durch Kommas abgetrennt

Signale für Nebensätze sind die unterordnenden **Konjunktionen**:
als, bevor, dass, falls, nachdem, ob, obwohl, sodass, während, weil, wenn, wie, wobei

1. **Hauptsatz,** nachgestellter Nebensatz:
   Ich komme morgen zu euch, wenn *nichts dazwischenkommt.*
2. Vorausgestellter Nebensatz, **Hauptsatz:**
   Wenn *nichts dazwischenkommt,* ***komme ich morgen zu euch.***
3. **Hauptsatzanfang,** eingeschobener Nebensatz, **Hauptsatzende:**
   Ich komme, wenn *nichts dazwischenkommt,* ***morgen zu euch.***
4. **Erster Hauptsatz,** Nebensatz, **zweiter Hauptsatz mit *und*:**
   Ich komme morgen zu euch, wenn *nichts dazwischenkommt,* ***und dann feiern wir.***
5. **Hauptsatz,** Nebensatz, Nebensatz:
   Ich komme morgen zu euch, sodass *wir feiern können,* ***wenn*** *nichts dazwischenkommt.*

1 Ordne die folgenden Sätze den Regeln im Info-Kasten zu. Setze die Kommas ein.

	Regel:
a) Ich komme wenn es möglich ist gegen halb vier.	____
b) Der Bus kann sich aber verspäten wie es oft passiert und dann wird es etwas später.	____
c) Falls das Wetter es zulässt machen wir im Wald ein Picknick.	____
d) Ich habe mich schon die ganze Woche darauf gefreut dass wir uns treffen.	____
e) Ich bringe euch auch etwas mit sodass ihr überrascht sein werdet wenn ich komme.	____

2 Hier sind noch drei weitere Möglichkeiten der Verbindung von Hauptsatz und Nebensatz.
Schreibe *Nebensatz – Hauptsatz* unter die Zeilen. Setze die Kommas ein.

a) Als sie dann sahen dass ich meinen Hund Moffo mitgebracht hatte waren alle aus dem Häuschen.

Nebensatz

____

____

b) Während die einen Würstchen aßen tollten andere mit dem Hund umher wobei sie viel Spaß hatten.

____

____

c) Einer gab dem Tier obwohl ich das nicht wollte ein Würstchen mit Senf das spuckte er aber aus.

____

____

Fehlende Kommas in einen Text einfügen

1 Im folgenden Text fehlen 17 Kommas. Setze sie ein.

Die Antarktis

Als ich heute nach Hause kam lief im Fernsehen gerade ein Film über die Antarktis. Er enthielt so viele interessante Informationen dass ich vielleicht ein Referat darüber halten möchte. Deshalb habe ich heute nachdem ich alle anderen Arbeiten erledigt hatte im Internet nach weiteren Informationen geforscht. Dabei erfuhr ich dass die Antarktis von einer bis zu 3500 Meter hohen Eisschicht bedeckt ist wobei nur im Osten das Eis über einer Festlandmasse liegt. Dass das Südpolargebiet ein waffenfreier Raum ist darauf haben sich die Länder geeinigt weil sie dort Forschungen betreiben wollen damit sie hinter die Geheimnisse dieses Erdteils kommen. In einem Vertrag legte im Jahr 1961 eine Reihe von Staaten fest wie jeder an der friedlichen Nutzung dieses Gebietes teilhaben kann. Als man feststellte dass das Ozonloch über der Antarktis immer größer wird führten die Ergebnisse von Untersuchungen dazu dass in Spraydosen die giftigen Kohlenwasserstoffverbindungen weltweit verboten wurden damit man unsere Erde vor großen Gefahren bewahren kann. Wenn jedoch irgendwann einmal größere Vorkommen von Bodenschätzen im Südpolartgebiet entdeckt werden sollten könnte das friedliche Zusammenleben verschiedener Nationen am Südpol ein Ende haben. Doch eine gerechte Verteilung von Bodenschätzen könnte dann wenn sie die unterschiedlichen Interessen berücksichtigt eine Lösung auch dieses Problems sein.

2 In den folgenden Hinweisen zum deutschen Nebensatz fehlen alle Kommas. Lies dir die Sätze erst einmal durch, damit du weißt, worum es hier geht. Setze dann die Kommas ein.

Deutsche Nebensätze

In deutschen Nebensätzen stehen die Verben immer ganz am Schluss sodass man beim Lesen lange darauf warten muss bis man erfährt ob sie so oder anders zu Ende gehen. Da möchte man also zum Beispiel wissen ob ein erwarteter Eisenbahnzug kommt oder nicht und muss bis zum Ende des Satzes darauf warten. Das hört sich dann so an:

Ronald stand auf dem Bahnsteig herum bis nach stundenlangem Warten in Kälte und stürmischem Wind der Zug weil er stecken geblieben war dann tatsächlich – <u>ausfiel</u>.

Der amerikanische Schriftsteller Mark Twain hat diesen Satzbau einmal ironisch so charakterisiert:

Wenn der literarisch gebildete Deutsche sich in einen Satz stürzt wird man ihn erst wiedersehen wenn er auf der anderen Seite des Atlantischen Ozeans mit dem Verb zwischen den Zähnen wieder auftaucht.

Das Komma bei Infinitivgruppen

INFO

Infinitivgruppen

Infinitivgruppen sind Erweiterungen eines Satzes durch Wortgruppen mit dem Wörtchen ***zu*** oder den Wortkombinationen ohne ***zu, anstatt zu, außer zu, um zu:***
Sie werden durch **Kommas** von dem Satz abgegrenzt, von dem sie abhängig sind:
- *Sie ging in den Garten, einige Blumen **zu** pflücken.*
- *Sie band sie zu einem Strauß, **um** ihn ihrem Freund zum Geburtstag **zu** schenken.*
- *Ihm damit eine Freude **zu** machen, das ist ihr auch wirklich gelungen.*

Das Komma kann **entfallen**, wenn die Infinitivgruppe nur aus ***zu*** und einem **Verb** besteht:
- Am Nachmittag nahmen sich vor (,) ***zu*** *feiern*.

Nach Sätzen mit ***brauchen*** und ***scheinen*** steht **kein** Komma:
- *Sie **brauchten** nur noch auf einige Gäste **zu** warten.*

1 Lies dir den Text erst einmal durch.

2 Unterstreiche dann die Infinitivgruppen. Dabei musst du genau darauf achten, an welcher Stelle sie beginnen! In einem Satz steht die Infinitivgruppe vor dem Hauptsatz!

3 Setze die Kommas ein. Orientiere dich dabei an den Hinweisen im Info-Kasten.

Graffiti

a) Viele Sprayer sprühen ihren Schriftzug an Wände um Ruhm zu erwerben.
b) Manchen Jugendlichen scheint das wichtig zu sein.
c) Um in der Szene anerkannt zu werden muss sich ein Sprayer an Regeln halten.
d) Die Crew eines Sprayers hat die Aufgabe Schmiere zu stehen.
e) Wichtig ist seinen Schriftzug gegen andere Sprayer an Wände zu sprühen.
f) Für Sprayer ist es nämlich entscheidend zu konkurrieren.

4 Unterstreiche im folgenden Text die Infinitivgruppen.
- Füge dann in diese Sätze 11 Kommas ein.
- Im letzten Satz musst du genau überlegen, an welcher Stelle das Komma stehen muss!

Millionenschaden durch Sprayer

Die Polizei rät Hausbesitzern Graffitis zu entfernen sobald die Polizei den Schaden aufgenommen hat. Die Ermittler haben oftmals die Möglichkeit den Täter an seinem „Tag“ zu ermitteln. Die Sprayer scheuen sich oft davor über eine entfernte Schmiererei noch einmal etwas zu sprühen. Denn es kommt ihnen ja darauf an ihren Schriftzug für längere Zeit sichtbar zu machen. Die Malerinnung rät an gefährdeten Gebäuden Spezialanstiche zu verwenden, die es ermöglichen Graffiti problemlos zu entfernen. Den Sprayern der Stadt Hannover ist es im letzten Jahr gelungen einen Schaden in Millionenhöhe anzurichten. „Wir könnten jeden Tag 15 Stunden unterwegs sein um die Taten der Sprayer aufzunehmen“, sagte ein Fahnder. Die Polizei rät niemals zu versuchen einen Täter selbst zu stellen; das könnte zu Konflikten führen.

Die Zeichen der wörtlichen Rede

Wörtliche Rede

Wörtlich wiedergegebene Äußerungen bestehen in der Regel aus **Redesatz** und **Begleitsatz**.
Der **Redesatz** steht in **Anführungszeichen**.
Der **Begleitsatz** kann **vor, zwischen** und **nach** einem Redesatz stehen.

Der **vorausgestellte** Begleitsatz eröffnet den Redesatz mit einem **Doppelpunkt**.
Am **Ende** des Redesatzes steht ein **Punkt**:
Sie sagte: „Vielleicht komme ich morgen."
Der **eingeschobene** Begleitsatz wird durch **zwei Kommas** vom Redesatz getrennt.
„Vielleicht", sagte sie, „komme ich morgen."
Der **nachgestellte** Begleitsatz wird durch **ein Komma** vom Redesatz getrennt.
Am **Ende** des Redesatzes steht in diesem Falle **kein Punkt**.
„Vielleicht komme ich morgen (kein Punkt!)", sagte sie.
Frage- und **Ausrufezeichen** stehen im Redesatz **vor** dem letzten Anführungszeichen:
„Ich komme morgen, aber nur vielleicht!", sagte sie.

1 Dies ist der häufigste Fehler, der beim Schreiben einer wörtlichen Rede gemacht wird.
Beachte die Hinweise im Infokasten Schreibe den Satz richtig auf.

Er sagte: „Ich war gestern beim Training".

____

2 In dem folgenden Witz fehlen drei Kommas. Setze sie an den richtigen Stellen ein.

Niklas fährt freihändig auf der Straße. Ein Polizist hält ihn an und fragt: „Wie heißt du?" „Niklas Meier" sagt Niklas. „Und dein Alter?" fragt der Polizist. „Auch Meier" sagt Niklas.

3 In dem nächsten Witz stehen drei Satzzeichen an falscher Stelle.
Schreibe die beiden wörtlichen Reden am Schluss richtig auf.

Zwei Freunde sind mit dem Rad unterwegs. Nach einer Weile lässt der eine Luft aus seinem Reifen.
„Was soll das denn jetzt", fragt der eine?
„Der Sattel , sagt der andere", „ist mir ein bisschen zu hoch".

____

____

4 Im folgenden Witz fehlen alle Satzzeichen. Schreibe den Witz richtig auf.

Der Kontrolleur im Bus sagt Für einen Kinderfahrschein bist du aber schon zu alt
Dann hören Sie aber gefälligst auf erwidert der Junge mich zu duzen

____

____

____

Satzzeichen einsetzen

1 In dem folgenden Text fehlen alle Satzzeichen: die Punkte, die Kommas, die Ausrufe- und Fragezeichen, die Doppelpunkte und die Anführungszeichen der wörtlichen Rede.
Lies dir den Text erst einmal durch. Setze dann die Satzzeichen ein.

Sexmus Ronny Müller

Die folgende Geschichte hat sich tatsächlich zugetragen Auf einem Standesamt erschien ein Vater der seinen neugeborenen Sohn auf den Namen *Sexmus Ronny Müller* eintragen lassen wollte Die Standesbeamtin machte den Vater darauf aufmerksam dass der Name sehr außergewöhnlich sei Ich muss mich erst danach erkundigen ob er zulässig ist sagte sie Kommen Sie doch in den nächsten Tagen noch einmal vorbei Als der Vater danach in das Standesamt kam teilte ihm die Beamtin mit dass sie den Namen erst genehmigen lassen müsse Wieso müssen Sie das fragte der Vater Über den Namen bestimmen doch die Eltern Die Standesbeamtin wandte ein dass ein Name nicht zulässig sei wenn er negativ behaftet ist Was soll an Sexmus Ronny negativ sein fragte der Vater Nun sagte die Beamtin andere Kinder könnten ihn ärgern indem sie ihm *Ronny muss Sex* oder *Sexmüller* nachrufen Der Vater dachte indem er sich am Kopf kratzte tatsächlich darüber nach Gut sagte er schließlich dann nennen wir ihn eben einfach *Felix*

2 Schreibe die letzten Sätze dieser Geschichte mit allen Satzzeichen auf.

Ein schöner Name rief die Beamtin Das heißt *der Glückliche*
Der Vater fragte Und was machen wir wenn er ein Pechvogel wird
Vielleicht sagte die Beamtin wird ihn der Name davor bewahren
Und sie fügte hinzu Nomen est Omen
Das ist Latein und bedeutet dass dieser Name ein gutes Zeichen ist

Wortarten: Überblick

Wortarten

Nomen:	bezeichnen Lebewesen, Sachen, Begriffe	*Hund, Computer, Glück …*
Artikel:	bestimmen das Genus (Geschlecht) der Nomen	*der, die, das, ein …*
Pronomen:		
Personal-:	verweisen auf Personen	*ich, du, er, sie, wir …*
Possessiv-:	verweisen auf Besitz und Beziehung	*mein, dein, unser, euer …*
Demonstrativ-:	verweisen auf etwas Bestimmtes	*dieser, das, jener …*
Indefinit-:	verweisen auf unbestimmte Mengen	*einige, manche, alle …*
Relativ-:	verweisen auf Vorausgehendes	*der Typ, der…, die Frau, die…*
Adjektive:	bezeichnen Eigenschaften und Merkmale	*rund, groß, digital …*
Verben:	bezeichnen Tätigkeiten und Zustände	*laufen, formatieren, schlafen …*
Adverbien:	bezeichnen zeitliche, örtliche … Umstände	*gestern, hier, gern …*
Konjunktionen:	stellen Verbindungen her	*und, denn, weil, sodass …*
Präpositionen:	geben örtliche/zeitliche Verhältnisse an	*auf, unter, an, über …*

1 Ordne diese Wörter den Wortarten zu.
Manchmal musst du sie zwei Wortarten zuordnen.

INTERESSANT	*BILDSCHIRM*	*DURCH*	*EUER*	*PECH*
BEKOMMEN	*IMMER*	*DASS*	*IHR*	*MANCHE*
DEINE	*OBWOHL*	*JOGGEN*	*UNSINN*	*KAPUTT*
DIE	*ZWISCHEN*	*COOL*	*GESTERN*	*BRUSTSCHWIMMEN*
DIESE	*SIE*	*NIEMAND*		

3 Nomen: ______________________________

1 Artikel: ______________________________

1 Personalpronomen: ______________________________

3 Possessivpronomen: ______________________________

1 Demonstrativpronomen: ______________________________

2 Indefinitpronomen: ______________________________

3 Adjektive: ______________________________

3 Verben: ______________________________

2 Adverbien: ______________________________

2 Konjunktionen: ______________________________

2 Präpositionen: ______________________________

2 Eines der Nomen lässt sich – mit einer Endung – in ein Adjektiv umformen.
Zwei der Adjektive lassen sich in Nomen umformen.
Eines der Adjektive lässt sich – mit dem Wörtchen *sich* – in ein Verb umformen.
Forme die Wörter um – und trage sie in die Liste ein.

Zeitformen

INFO

Die sechs Zeitformen sind:

Präsens: *Diese Ferien vergesse ich nie.*
Perfekt: *Ich habe sie bis heute nicht vergessen.*
Präteritum: *Ich vergaß nämlich meine Sonnenbrille am Strand, …*
Plusquamperfekt: *die ich vor das Zelt gelegt hatte.*
Futur I: *Ich werde diese Ferien nie vergessen.*
Futur II: *Doch die schreckliche Rückfahrt werde ich bald wieder vergessen haben.*

Stau auf der Autobahn

Als wir aus den Ferien in Italien ______ (zurückkommen (Präteritum)), befürchteten wir schon, dass die Autobahn wieder ______ (sperren (Perfekt)). Doch nachdem wir den Verkehrsfunk ______ (hören (Plusquamperfekt)), schien alles gut zu gehen. „Heute ______ (kommen (Futur I)) wir bestimmt ohne Stress nach Hause ______", sagte mein Vater. Und dann ______ (fahren (Präteritum)) wir tatsächlich bei schönstem Wetter die Alpen hinauf. Doch kaum ______ (überschreiten (Plusquamperfekt)) wir den Pass ______, da ______ (fangen (Präsens)) es tatsächlich an zu regnen. Es goss wie aus Eimern. Meine Mutter sagte: „So also ______ (empfangen (Präsens)) uns Deutschland!" Mit 60 km/h schlichen wir durch das Inntal. Und vor der Grenze gab es einen Stau. „Der Verkehrsfunk ______ (lügen (Perfekt))!", rief meine Schwester. Mein Vater fügte ironisch hinzu: „Der Verkehrsfunk ______ (informieren (Futur II oder Perfekt)) sich bei denen von den Wetternachrichten einfach nicht ______!"

Es dauerte fast eine Stunde, ehe wir aus dem Stau wieder heraus ______ (kommen (Perfekt)).

Jetzt ______ (liegen (Präsens)) ich in meinem Bett. Die Autofahrt läuft wie ein Film vor meinen Augen ab. Bald ______ (vergessen (Futur II)) ich diese schreckliche Rückfahrt wieder ______.

1 Setze die Verben in den angegebenen Zeitformen in den Text ein.

2 Setze das Verb *fahren* in Zeitformen ein, die du passend findest:
a) im Präteritum oder Perfekt, b) im Präsens oder Futur I.

a) Voriges Jahr ______ wir mit der Bahn in die Ferien ______.

b) Nächstes Jahr ______ wir wohl wieder mit der Bahn ______. Das ist bequemer.

Vom Wechsel der Zeitformen (Tempuswechsel)

Tempuswechsel

INFO

Jeder Text ist in einem bestimmten **Basistempus** verfasst – einer Zeitform, die den Text beherrscht. So stehen die meisten **Erzähltexte** (z. B. Krimis, Kurzgeschichten, Balladen …) im Basistempus des **Präteritums**. Das Präteritum weist in solchen Texten darauf hin, dass sich das Geschehen in der **Vergangenheit** abspielte – es stellt also eine gewisse **Distanz** her.

Innerhalb eines Textes können aber aus sachlichen oder stilistischen Gründen **weitere Zeitformen** vorkommen. So kann eine Stelle in einem Text plötzlich im Präsens stehen. Ein solches **Szenisches Präsens** verringert die Distanz, es zoomt das Geschehen heran und lässt den Leser daran teilnehmen – als liefe es in der Gegenwart vor seinen Augen ab. Es kann aber auch vorkommen, dass der Erzähler etwas **Allgemeingültiges** zum Ausdruck bringen möchte, dann wählt er ebenfalls das **Präsens**.

Überblick:
Präteritum (Basistempus)**: Vergangenes, mit Abstand:** *Gestern ging ich durch die Stadt.*
Szenisches Präsens: Vergangenes, nah herangerückt: *Da sehe ich plötzlich meine Freundin Mia.*
Allgemeingültiges Präsens: Überzeitliches, immer: *Solche Zufälle gibt es halt immer wieder!*
Gegenwartspräsens: Gegenwärtiges, jetzt: *Jetzt schreibe ich über unser Treffen im Tagebuch.*

In einer **Textinterpretation** ist es wichtig, auf solche **Wechsel der Zeitformen** einzugehen und sie zu erklären.

1 Schreibe auf, wie die Zeitformwechsel hier zu erklären sind:
a) Allgemeingültiges Präsens, b) …, c) …

a) Hunde, die *bellen, beißen* nicht.
b) Doch als ich heute Morgen mit dem Rad in die Schule *fuhr,*
c) *kam* mir ein kläffender Hund entgegen.
d) Ich *hebe* die Beine hoch – doch zu spät!
e) Der Köter *beißt* tatsächlich in mein Hosenbein.
f) Zum Glück *kam* sein Herrchen und *rief* ihn zurück.
g) Jetzt *ist* mir klar:
h) Alte Sprichwörter *sagen* nicht unbedingt die Wahrheit.

2 Markiere in der folgenden Alltagserzählung die 16 Verben in ihren Zeitformen mit verschiedenen Farben. Schreibe an den Rand, um welche es sich handelt:
Basistempus Präteritum, Szenisches Präsens, Allgemeingültiges Präsens, Gegenwartspräsens.

Gestern Nachmittag fuhr ich mit dem Rad am See entlang. Da sah ich ein Mütterchen, das eine Familie von Schwänen mit ihren Jungen fütterte. Sie warf ihnen kleine Brocken Weißbrot zu und freute sich daran, wie sie nach ihnen schnappten. Doch plötzlich erhebt sich der eine Schwan aus dem Wasser und beißt mit vorgestrecktem Schnabel die Frau in die Hand. Die schreit entsetzt auf und läuft davon. Ich sah noch, wie sie dem Schwan böse mit dem Finger drohte. Ich lachte. Jetzt denke ich: Was alten Mütterchen gefällt, das mögen Schwanenmüttern manchmal gar nicht.

Konjunktiv I

INFO

Konjunktiv I

Der **Konjunktiv I** wird vor allem in der **indirekten Rede** verwendet:

Direkte Rede: *Sie sagte: „Ich war gestern beim Reitturnier, und morgen gehe ich wieder hin."*

Indirekte Rede: *Sie sagte, sie sei gestern beim Reitturnier gewesen, und morgen gehe sie wieder hin.*

Das gestohlene Fahrrad

Emma hat mir erzählt, dass ihr gestern ein folgenschweres Missgeschick passiert sei. Als sie am Morgen in den Keller gegangen sei, habe sie ihr Fahrrad nicht gefunden. Da sei ihr wie ein Blitz in Erinnerung gekommen, dass sie es am Abend zuvor am Zaun vor dem Haus abgestellt habe. Dort sei es wahrscheinlich über Nacht gestohlen worden. Emma ist eben immer etwas vergesslich, das ist nichts Neues für mich. Jedenfalls sei sie gleich zu ihrem Vater gelaufen und habe ihm von dem Unglück erzählt. Ich kenne ja ihren Vater. Der ist ein superkorrekter Mann, der sich mit Ausreden nicht zufrieden gibt. Der habe auch gleich gefragt, ob das Rad auch angeschlossen gewesen sei.

Emma sagte: „Natürlich habe ich das Rad abgeschlossen.

Ich kann nur den Schlüssel nicht finden."

Daraus kann man allerdings nicht schließen, dass Emma gelogen hat; denn außer, dass sie vergesslich ist, verbummelt sie auch oft etwas, das ist ja bekannt. Der Vater habe ihr aber keine Vorwürfe gemacht; es gehe ihm nur um die Versicherung, die zahle nämlich nur, wenn man beweisen könne, dass das Rad angeschlossen gewesen sei. Nun gut, der Schlüssel war nicht aufzufinden, und Emma muss jetzt einige Zeit ohne Fahrrad auskommen. Ich habe ihr aber angeboten, dass sie vorübergehend das Rad meiner Schwester haben könne, die zur Zeit in England im Schüleraustausch sei. Aber nur, wenn sie mir verspreche, es auch immer abzuschließen. Da falle ihr aber ein Stein vom Herzen, sagte Emma und versprach mir hoch und heilig, dass sie das Rad hüten wolle wie ihren Augapfel. Ob die Versicherung zahlen wird, ist natürlich höchst zweifelhaft. Ihr Vater habe jedenfalls gesagt, das schöne Fahrrad könne sie in den Wind schreiben. Na ja, dann muss sie eben auf ein neues sparen!

1 In diesem Text ist die Rede von mehreren Personen:
- Der **Erzähler** erzählt die Geschichte.
- Dabei gibt er **Emmas Reden** indirekt wieder.
- Emma gibt ihrerseits die **Rede ihres Vaters** indirekt wieder.
- Außerdem spricht **der Erzähler selbst** einmal **in indirekter Rede**.
- Und eine Stelle ist in **direkter Rede** wiedergegeben.

Markiere oder unterstreiche in verschiedenen Farben, wer was sagt. Forme die direkt wiedergegebene Stelle in indirekte Rede um.

Konjunktiv II

Konjunktiv II

INFO

Der **Konjunktiv II** wird vor allem dann verwendet, wenn man Wünsche und Vorstellungen ausdrücken möchte. Die **Formen** des Konjunktivs II werden von denen des **Präteritums** (oft mit **Umlaut**) gebildet: *heben: h**o**b – h**ö**be, fahren: f**u**hr – f**ü**hre, geben: g**a**b – g**ä**be, …* Manchmal verwendet man aber die würde-Form, wenn sich der Konjunktiv II nicht vom Präteritum unterscheidet: rufen: *rief – riefe (würde rufen).*

1 Forme die ***würde***-Formen in diesem Text in den Konjunktiv II um. Streiche dazu die *würde*-Formen durch! An einigen Stellen könntest du aber die *würde*Formen beibehalten. Wenn du sie beibehalten möchtest, dann unterstreiche sie!

Ich stelle mir einmal. vor, wir ~~***würden***~~ nähmen die Veränderungen unserer Umwelt weiterhin nicht ernst ~~***nehmen***~~, dann ***würde*** ____________ man damit rechnen ***müssen***, dass auf unserer Erde vieles bald anders aussieht als bisher. Unwetterkatastrophen ***würden*** ____________ immer mehr ***zunehmen*** ______. Der Meeresspiegel ***würde*** ____________ sich immer mehr ***anheben*** ______. Ganze Städte ***würden*** ____________ in den Wellen der Ozeane ***untergehen*** ____________. Anderswo ***würden*** ____________ Menschen keine Nahrung mehr ***finden***, weil ihr Land in der Hitze ***vertrocknen würde*** ________________________. Und der Plastikmüll in den Meeren ***würde*** ____________ nach und nach so viele Fische ***töten***, dass wir auf das Nahrungsmittel Fisch in Zukunft ***würden verzichten müssen*** ________________________.

Was aber ***würde*** ____________ ich als einzelner Mensch tun ***können***? ***Würde*** ________ es mir überhaupt möglich ***sein***, zur Erhaltung unserer Welt beizutragen? Stellen wir uns einmal vor, wir ***würden*** ____________ nur noch Kleidung aus recyceltem oder recycelbarem Material ***tragen***, wir würden ____________ nur noch mit dem Fahrrad ***fahren***, wir ***würden*** ____________ zu Fuß ***gehen***, wann immer es möglich ***sein würde*** __________, wir ***würden*** ____________ nur noch öffentliche Verkehrsmittel, statt Privatautos ***nehmen***, wir ***würden*** ____________ alles Material aus Plastik im Supermarkt liegen ***lassen*** und ***würden*** ____________ nur noch ***mitnehmen*** ______, was in Papier und in Glas verpackt ist. Wir ***würden*** ____________ nur noch ***essen***, was aus regionaler Herkunft stammt und nicht mit Flugzeugen, die der Umwelt schaden, aus fernen Ländern ***kommen*** ____________ ***würde***. Natürlich ***würde*** ________ vieles nur politisch zu lösen ***sein***, wie z. B. das Verbot von Öl- und Kohleheizungen, von Autos mit Verbrennungsmotoren, die Vernichtung der Urwälder usw. Vieles ***würde*** __________ aber auch in der Verantwortung des Einzelnen ***liegen***. Wir ***würden*** __________ zum Beispiel weniger Fleisch ***essen***. Das ***würde*** ____________ dazu beitragen ***können***, dass die weltweit angelegten Monokulturen, etwa von Soja, die der Tiernahrung dienen, wieder natürlichen Wäldern ***weichen würden*** ____________. Ich jedenfalls ***würde*** __________ gern einige Unbequemlichkeiten auf mich ***nehmen***, um unsere schöne Welt zu erhalten.

Aktiv – Passiv

INFO

Aktiv – Passiv

Ein Satz im Passiv ist die Umkehrung eines Satzes im Aktiv:

Aktiv: *Der Zauberer führt einen Zaubertrick vor.*

----------→ ←----------

Passiv: *Ein Zaubertrick wird vom Zauberer vorgeführt.*

Das **Objekt des Aktivs** wird zum **Subjekt des Passivs**: einen Zaubertrick → ein Zaubertrick.
Das **Subjekt des Aktivs** wird im **Passiv** zu einem Satzglied mit *vom: der Zauberer → vom Zauberer.*
Das **Prädikat** wird in eine Form mit *werden* umgeformt: *führt … vor → wird … vorgeführt.*
Das Satzglied mit *vom* kann im Passiv **entfallen**: *Ein Zaubertrick wird ~~vom Zauberer~~ vorgeführt.*

1 1 Forme die folgenden Aktiv-Sätze ins Passiv um. Lass dabei das Subjekt des Aktivsatzes weg.

a) In jedem Zirkus führt <u>ein Clown</u> dem Publikum eine witzige Clowns-Szene vor.

a) In jedem Zirkus ____________________

b) Aber immer wieder erwartet <u>das Publikum</u> auch eine spannende Zauber-Show.

b) Aber immer wieder ____________________

Im folgenden Text kommt das Subjekt *Zauberer* zwölfmal vor. Da der Leser weiß, dass hier alles der *Zauberer* tut, müsste das Wort nicht ständig wiederholt werden. Das Passiv bietet nun die Möglichkeit durch Umformulierung der Sätze ein anderes (wichtigeres) Subjekt an den Satzanfang zu stellen – und den *Zauberer* wegzulassen.

2 Formuliere alle Sätze, in denen der Zauberer vorkommt, ins Passiv um. Dabei solltest du aber entscheiden, ob nicht manchmal *der Zauberer* stehen bleiben sollte, weil es dem Textverständnis dient. Schreibe den Text in dein Heft.

Die magische Kiste

Die „magische Kiste" ist ein uralter Zaubertrick. **Zauberer** führen ihn auf vielen Zauberveranstaltungen vor. **Der Zauberer** trägt die magische Kiste herein. Dann öffnet sie **der Zauberer**. **Der Zauberer** überzeugt das Publikum mit großem Brimborium davon, dass mit der Kiste alles seine Richtigkeit hat. Dann steigen vier Artisten hinein. **Der Zauberer** schließt den Deckel. **Der Zauberer** schiebt nun in vorgebohrte Löcher Dolche aus Holz langsam und gleichmäßig hinein, bis ihre Spitzen an der anderen Seite wieder herauskommen. Aus der Kiste hört man Schreie. Ein Trommelwirbel setzt ein. Dann ist es totenstill. **Der Zauberer** zieht die Dolche wieder heraus. **Der Zauberer** öffnet den Deckel mit viel „Simsalabim". Die Artisten springen heraus und verbeugen sich. Das Publikum klatscht Beifall.

Was **ein Zauberer** für diesen Trick braucht, ist eine große Kiste. **Der Zauberer** malt sie innen schwarz an. Ein schwarzes Inneres wirkt nämlich kleiner, als es in Wirklichkeit ist. In der Kiste ist also viel mehr Platz, als es sich das Publikum vorstellen kann. **Der Zauberer** kann daher jeden Dolch zwischen den Artisten hindurchstoßen, ohne dass **der Zauberer** jemand verletzt.

Satzglieder

Satzglieder

INFO

Ein **Satzglied** ist dasjenige Wort oder diejenige Wortgruppe, die man an den **Anfang** des Satzes **verschieben** kann. Die wichtigsten Satzglieder sind:

Subjekt (wer?): *Goethe* *beendete am Abend seine Dichterarbeit.*

Prädikat (oft zweiteilig) **(was geschieht?): *Beendete*** *Goethe am Abend seine Dichterarbeit?*

Adverbial (wo? wann? wie? warum?): *Am Abend* *beendete Goethe seine Dichterarbeit.*

Objekt (wen oder was? wem?): *Seine Dichterarbeit* *beendete Goethe am Abend.*

1 Die normale Folge der Satzglieder ist:
Subjekt – Prädikat – Adverbiale – Objekte – (Prädikat 2. Teil).
In einem Text ändert sich aber die Satzgliedfolge oftmals.

- Schreibe die Sätze der Anekdote so auf, dass ein gut zusammenhängender Text daraus entsteht. Dabei musst du manchmal einige andere Satzglieder an den Satzanfang stellen.
- Schreibe den Text in dein Heft:
  Eines Abends hatte Goethe seine Dichterarbeit beendet.

Subjekte	Prädikate	Adverbiale	Objekte	Prädikate 2. Teil
Goethe	beendete	am Abend	seine Dichterarbeit.	
Er	spazierte	danach/im Park.		
Der Weg	war	sehr schmal.		
Nur eine Person	passte	darauf.		
Ein Kritiker	kam	in einer Kurve	dem Meister	entgegen.
Der	hatte	schon öfter	Goethes Werke	kritisiert.
Er	hatte	sogar „närrisch“	manches Buch	genannt.
Er	verstellte	plötzlich	ihm / den Weg.	
Er	sagte	herablassend:		
„Ich	weiche		einem Narren	nicht aus.“
Goethe	trat	sich verbeugend		beiseite.
Er	antwortete	mit einem Lächeln:		
„Ich		schon!“		

Die Objekte

INFO

Die Objekte

Die deutsche Sprache kennt vier Arten von Objekten:

Akkusativ-Objekt (Frage: *wen* oder *was?*): *Sie unterstützt ihren kleinen Bruder.*

Dativ-Objekt (Frage: *wem?*): *Sie hilft ihm.*

Genitiv-Objekt (Frage: wessen?): *Er bedarf ihrer Hilfe.*

Präpositionales Objekt (Fragen wie: *auf wen? Über was? …*) *Sie achtet auf ihn.*

1 Markiere in jedem Satz die Objekte. Schreibe dahinter, um welche Arten von Objekten es sich handelt: *Dativ-, Akkusativ-, Genitiv-, Präpositionales Objekt.*
Aber Achtung: Manchmal steht ein Objekt am Anfang des Satzes. Manchmal ist es gar nicht so leicht, ein Objekt vom Subjekt zu unterscheiden! Manchmal ist ein Objekt genauso gebaut wie ein Adverbial. Und in manchen Sätzen kommen zwei Objekte vor! Du musst also richtig fragen!

Sätze mit Objekten:

a) Diesem Wal kann niemand mehr helfen. ____________________

b) Die Schülerin legte sich mit ihrer Freundin an. ____________________

c) Beeke enthielt sich bei der Abstimmung der Stimme. ____________________

d) Chaos unter der Bevölkerung hat ein Erdbeben ausgelöst. ____________________

e) Malte machte Merle ein schönes Geschenk. ____________________

f) Die Neuigkeiten teilten sie gleich ihren Freunden mit. ____________________

g) Dicke Schnecken fressen Igel am liebsten. ____________________

2 Schreibe die Sätze **d, f** und **g** so auf, dass das Subjekt am Satzanfang steht.

d) ____________________

f) ____________________

g) ____________________

3 Schreibe jeweils einen Satz mit den Verben *leihen, beschuldigen* und *verzichten* auf:

____

____

____

Thema – Rhema

Thema – Rhema in einem Text

INFO

In einem zusammenhängenden Text steht am **Satzanfang** in der Regel eine Information, die auf etwas **Bekanntes** (ein schon gegebenes **Thema**) anknüpft.

Am **Satzende** steht eine Information, die etwas **Neues** ausdrückt (ein **Rhema**):
Cindy *mag Pia nicht besonders. ←* ***Sie*** *würde ihr aber in einer Notsituation schon* ***helfen****.*

Wenn wir aber das **Neue** besonders **emotional** ausdrücken wollen, dann setzen wir es gern an den **Anfang** des Satzes:
Cindy *mag Pia nicht besonders.* ***Helfen*** *würde sie ihr aber in einer Notsituation schon.*

1 Hier sind die fünf Satzglieder eines zweiten Satzes in einem Text:
Emma / schrieb / dieses Mal / in Mathe / eine Eins.

a) Wie würdest du die Satzglieder anordnen, wenn folgender Satz vorausgeht? Schreibe auf.

In Mathe ist sie eigentlich gar nicht so gut. Aber ____________________

____________________.

b) Wie würdest du diese Satzglieder nach folgendem vorausgehenden Satz anordnen?

Ihre Aufsätze gelingen ihr selten gut. Aber ____________________

____________________.

c) Und wie würde der zweite Satz lauten, wenn dieser Satz vorausginge?

Ihr Bruder kam mit einer Zwei in Mathe nach Hause. Und ____________________

____________________.

2 Suche dir aus, mit welchem Satz es weitergehen könnte.

Sie hat ihren Eltern aber nichts davon gesagt.
Ihren Eltern hat sie aber nichts davon gesagt.
Gesagt hat sie ihren Eltern aber nichts davon.
Davon hat sie aber ihren Eltern nichts gesagt.

informative Satzgliedstellung: ____________________

emotionale Satzgliedstellung: ____________________

3 Schreibe den Schlusssatz so auf, wie du ihn besonders passend findest.

Die haben sich gewundert nur über Emmas strahlendes Gesicht.

____

____

Quellen

Texte:

Seite 4–5: Die ersten Schmetterlinge sind schon unterwegs (Transkript + Hörtext). Stefanie Peyk. SWR Wissen. 25.02.2021. https://www.swr.de/wissen/umweltnews/die-ersten-schmetterlinge-sind-schon-unterwegs-100.html Transkript: Ursula Sassen, Meine

Seite 11: Ist Sharing die Zukunft? […] verändert. Sharing Economy: Teilen statt besitzen. YouGov Deutschland GmbH, Köln, 14.10.2019. Analyse „Sharing-Economy: Teilen statt besitzen", S. 2–3 https://commercial.yougov.com/rs/464-VHH-988/images/DE-Sharing-Economy.pdf?mkt_tok=NDY0LVZISC05ODgAAAF-PdHCARmCdpS-SnJVCrYM-jLM0KiLZrB4vchCNxiHQSyoTr_ucj3N9UFkZeKHUtHQzsg9H8_CVFYulEwGJwzHLvsHOhwCUbgrTATXR_w26, YouGov Deutschland GmbH, Köln

Seite 12-13: Weiterer Leihladen plant Eröffnung […] verändert. Teilen statt Besitzen: Weiterer Leihladen plant Eröffnung, dpa/ihe. Süddeutsche Zeitung. dpa-Newskanal 08.06.2020. https://www.sueddeutsche.de/leben/gesellschaft-main-tal-teilen-statt-besitzen-weiterer-leihladen-plant-eroeffnung-dpa.urn-newsml-dpa-com-20090101-200608-99-344067, wgr/©dpa

Seite 13-14: Sharing Economy: Warum Teilen wichtiger ist denn je […] verändert. Sharing Economy: Warum Teilen wichtiger ist denn je. Michael (kein Nachname). Polarstern GmbH, München, 05.07.2021 https://www.polarstern-energie.de/magazin/artikel/sharing-economy/, Polarstern GmbH, München

Seite 22-23: Das Fenstertheater. Ilse Aichinger: Der Gefesselte. Erzählungen I. S. Fischer Verlag: Frankfurt am Main 1954

Seite 28-36: Auszüge aus: Johann Wolfgang von Goethe: Faust. Erster Teil. Hamburger Lesehefte Verlag, 29. Heft, Husum/Nordsee o.J.

Seite 38: Otto Ernst: Nis Randers (1907). Aus: Das große Balladenbuch. Hrsg. von Otfried Preußler und Heinrich Pleticha. Thienemann Verlag: Stuttgart 2000

Seite 42: Mascha Kaléko: Sehnsucht nach dem Anderswo. Aus: Dies.: In meinen Träumen läutet es Sturm. Gedichte und Epigramme aus dem Nachlass. Hrsg. und mit einem Nachwort versehen von Gisela Zoch-Westphal. © Deutscher Taschenbuch Verlag GmbH & Co.KG: München 1977

Seite 44: Mascha Kaléko: In den Regen. Aus: Dies.: Das lyrische Stenogrammheft. © 1978 Rowohlt Taschenbuch Verlag GmbH: Reinbek

Seite 46-47: Bertolt Brecht: Legende von der Entstehung des Buches Taoteking auf dem Wege des Laotse in die Emigration. Aus: Ders.: Die Gedichte von Bertolt Brecht in einem Band. Hrsg. vom Suhrkamp Verlag für die Gedichte 1 bis 3 in Zusammenarbeit mit Elisabeth Hauptmann. Erste Auflage 1981. © für diese Ausgabe: Suhrkamp Verlag. Frankfurt am Main 1981

Seite 48: Johann Wolfgang von Goethe: Vor Gericht. Aus: Johann Wolfgang von Goethe: Gesammelte Werke in acht Bänden. Band 1: Gedichte. Hrsg. von Bernt von Heiseler. Bertelsmann Verlag: Gütersloh o.J.

Seite 51-52: Siegfried Lenz: Mädchen an der Biegung des Stromes. Aus: Siegfried Lenz: Der Hafen ist voller Geheimnisse. Erzählungen und Gedichte. Matthiesen Verlag: Hamburg und Lübeck 1963

Seite 54-55: Leonie Ossowski: Die Metzgerlehre. Mannheimer Erzählungen. Piper Verlag, München 1974

Seite 56-57: Johann Peter Hebel: Unverhofftes Wiedersehen. Aus: Poetische Werke. Wissenschaftliche Buchgesellschaft: Darmstadt 1965

Seite 59-62: Wolfdietrich Schnurre: Auf der Flucht. Aus: Ders.: Erzählungen 1945–1965. List Verlag, München 1977

Seite 68: E-Books haben neue Fans gewonnen" […] verändert. In der Corona-Krise greifen mehr Menschen zum E-Book. Christoph Krösmann, Dr. Sebastian Klöß: Bitkom – Bundesverband Informationswirtschaft, Telekommunikation und neue Medien e.V., Berlin, 13.10.2020, https://www.bitkom.org/Presse/Presseinformation/In-der-Corona-Krise-greifen-mehr-Menschen-zum-E-Book

Seite 69: E-Books sind praktisch, ersetzen aber keine Bücher […] verändert. Johannes Klaus, WELT Online, 27.03.2018, https://www.welt.de/reise/Fern/article174901953/Lesen-im-Urlaub-E-Books-ersetzen-keine-Buecher.html

Seite 70: Marie Luise Kaschnitz: Das letzte Buch. Aus: Dies.: Steht noch dahin. Betrachtungen. Frankfurt am Main: Insel Verlag, 1970. insel taschenbuch, 1. Auflage 1995, S. 81

Seite 71: Robert Gernhardt: Das Buch. Aus: Ders.: Im Glück und anderswo. Gedichte, Fischer Taschenbuch Verlag: Frankfurt am Main, 2002, 2. Auflage, Juni 2010, Seite 268f.

Bilder:

|Alamy Stock Photo, Abingdon/Oxfordshire: Dmitriy Shironosov Titel. |Eyferth, Konrad, Berlin: 23.1, 28.1, 31.1, 33.1, 34.1, 34.2, 38.1, 41.1, 42.1, 44.1, 46.1, 47.1, 51.1, 52.1, 55.1, 56.1, 60.1, 75.1, 75.2, 75.3, 75.4, 75.5, 75.6, 76.1, 77.1, 78.1, 79.1, 80.1, 81.1, 83.1, 83.2, 84.1, 84.2, 85.1, 86.1, 87.1, 87.2, 88.1, 89.1, 90.1, 91.1, 92.1, 93.1, 94.1, 95.1. |Imago, Berlin: blickwinkel/F. Hecker 5.1; blickwinkel/H. Bellmann, F. Hecker 5.3. |iStockphoto.com, Calgary: AtWaG 4.4; francis rossignol 4.1; Gregory_DUBUS 5.2; HAYKIRDI 8.1; Shaun Taylor 4.2; Simon002 4.3; stockstudioX Titel. |toonpool.com, Berlin, Castrop-Rauxel: Schwarwel 66.1.

1 Beschreibe die Grundstimmung, die Gretchens Worten zu entnehmen ist.
Gehe dabei auch auf ihre derzeitige Situation ein.

2 Schildere die Gefühle, die Gretchen für Faust empfindet.
Notiere, welche Eigenschaften sie ihm zuschreibt.

3 Erläutere, wie die Liebe zu Faust Gretchens Leben und Alltag verändert hat.
Greife dafür auf deine Erkenntnisse aus der Schulbucheinheit zurück.

4 Diese Szene besteht nur aus dem Monolog von Gretchen.
Der Text ist in Liedform dargeboten.

- Untersuche die Reimform des lyrischen Textes Strophe für Strophe: Was fällt dir auf?
- Achte dabei auch auf das, was Gretchen sagt: Was wird dadurch verdeutlicht?

5 Eine Strophe wird dreimal wiederholt. Begründe die Funktion dieser Wiederholung.

6 Gehe nun auf die Sprache von Gretchen ein.
Stelle einen Zusammenhang her zwischen ihrer Wortwahl und dem Inhalt ihrer Äußerungen.

7 Vervollständige die Interpretation der Szene **Gretchens Stube** mithilfe deiner Erkenntnisse aus den Aufgaben 1–6. Schreibe auf ein separates Blatt.

Interpretation der Szene „Gretchens Stube"

Gretchen ist eine literarische Figur in Johann Wolfgang von Goethes Drama „Faust – Der Tragödie erster Teil".

Das Geschehen spielt im ausgehenden Mittelalter. Es erzählt von Fausts Suche nach den letzten Erkenntnissen der Welt und der daraus resultierenden Wette mit Mephisto, durch die Gretchen zum Spielball von Mephisto wird.

Der durch Mephisto verjüngte Faust beginnt eine heimliche Beziehung zu dem einfachen und sittsamen Bürgermädchen Margarete. Faust, der zunächst nur seinen frisch erwachten sexuellen Trieben nachgehen will, erkennt sehr bald, dass sich Gretchen tatsächlich in ihn verliebt hat und er selbst ebenfalls tiefere Gefühle für Gretchen hegt. Er zieht sich zum Nachdenken zurück, um sich seiner Gefühle klar zu werden und um mögliches Unheil abzuwenden. Gretchen bleibt unterdessen in Ungewissheit zurück.

Am Spinnrad …

Einen dramatischen Konflikt erkennen

*In der Szene **Am Brunnen** (HA: 3544–3586) trifft Gretchen beim Wasserholen auf Lieschen, eine Freundin. Lieschen berichtet Gretchen von dem Schicksal ihrer gemeinsamen Bekannten Bärbelchen: Sie sei von einem Mann, mit dem sie nicht verheiratet ist, geschwängert worden. Zu allem Überfluss habe er sie nun auch noch verlassen. Gretchen fühlt sofort mit Bärbelchen mit. Lieschen hingegen empfindet kein Mitleid. Sie ist der Auffassung, dass Bärbelchen aufgrund ihrer Überheblichkeit in diese Lage gekommen ist und so die Schuld an ihrem Unglück selbst zu tragen hat. Gretchen gesteht sich ein, dass sie früher ein ebenso hartes und vorschnelles Urteil wie Lieschen gefällt hätte. Das bereut sie nun zutiefst, da sie selbst ebenfalls in solch einer misslichen Situation ist wie Bärbelchen. Die Szene **Zwinger** schließt an die Brunnen-Szene an. Der Spott von Lieschen führt Gretchen vor Augen, was auf sie zukommen wird: die Verurteilung und der Verstoß durch die Gesellschaft. So sucht sie im Zwinger[1], wo ein Andachtsbild der Mutter Maria hängt, Trost und Hilfe.*

1 Lies Gretchens Gebet an die Mutter Gottes.
- Markiere Textstellen, die Gretchens Gefühle und Gedanken zum Ausdruck bringen.
- Notiere dazu auch Stichwörter am Rand.

Zwinger (HA: Vers 3587–3619)

In der Mauerhöhle ein Andachtsbild der Mater dolorosa[2], Blumenkrüge davor.

GRETCHEN *(steckt frische Blumen in die Krüge).*
Ach neige,
Du Schmerzenreiche,
Dein Antlitz gnädig meiner Not! — Gretchen ist in Not – sie ist verzweifelt

Das Schwert im Herzen,
Mit tausend Schmerzen
Blickst auf zu deines Sohnes Tod.

Zum Vater blickst du,
Und Seufzer schickst du
Hinauf um sein' und deine Not.

Wer fühlet,
Wie wühlet
Der Schmerz mir im Gebein?
Was mein armes Herz hier banget,
Was es zittert, was verlanget,
Weißt nur du, nur du allein!

Wohin ich immer gehe,
Wie weh, wie weh, wie wehe
Wird mir im Busen hier!
Ich bin, ach! kaum alleine,
Ich wein, ich wein, ich weine,
Das Herz zerbricht in mir.

[1] Gang, Platz zwischen innerer und äußerer Burgmauer
[2] Mater dolorosa – *lat.* für schmerzensreiche Mutter, Maria

Die Scherben vor meinem Fenster
Betaut' ich mit Tränen, ach!
Als ich am frühen Morgen
Dir diese Blumen brach.

Schien hell in meine Kammer
Die Sonne früh herauf,
Saß ich in allem Jammer
In meinem Bett schon auf.

Hilf! rette mich von Schmach[3] und Tod!
Ach neige,
Du Schmerzenreiche,
Dein Antlitz gnädig meiner Not!

[3] Demütigung, Kränkung, Schande

2 Gretchen zeichnet sich unter anderem durch ihre Gottesfürchtigkeit aus. In dieser Szene geht sie jedoch nicht in die Kirche, um zu beichten, sondern zieht sich in eine Mauerhöhle zurück und spricht dort zur Mutter Gottes. Vermute, warum sie diesen Ort wählt.

3 Lies noch einmal den Einführungstext. Skizziere dann, welche Umstände zu Gretchens jetzigem Seelenzustand geführt haben.

4 Informiere dich in dem folgenden Infokasten über innere und äußere Konflikte.

INFO

Dramatische Konflikte

Ein **innerer Konflikt** vollzieht sich im Inneren einer Figur, die sich dabei meistens in einer scheinbar ausweglosen Situation befindet, in der aber eine Entscheidung von der Figur gefordert wird. Der Konflikt entsteht oft durch den Widerspruch von eigenen Wünschen und fremden Erwartungen. So ist die Figur hin und her gerissen zwischen den möglichen Entscheidungen und hat mit Angst- und Schuldgefühlen sowie mit Selbstzweifeln zu kämpfen.

Ein **äußerer Konflikt** besteht immer zwischen Figuren oder Gruppen, die gegensätzliche Ziele verfolgen. Dabei treffen unterschiedliche Ansichten, Vorstellungen, Handlungen und Absichten aufeinander. In diesen Konflikten geht es oft um Macht, Ansehen, Ehre, gesellschaftliche Stellung, Schuld, Neid oder Liebe.

Innere und äußere Konflikte treten häufig, aber nicht immer nebeneinander auf.

5 Stelle nun dar, in welchem Konflikt sich Gretchen befindet. Erläutere, womit sie sich auseinandersetzen muss. Schreibe auf ein separates Blatt.

Eine literarische Figur in ihre Zeit einordnen und charakterisieren

1 Informiere dich in dem folgenden Informationstext über die gesellschaftlichen Lebensbedingungen im Mittelalter.

Johann Wolfgang von Goethes Drama „Faust – der Tragödie erster Teil“ spielt in Deutschland im Übergang des späten Mittelalters zur frühen Neuzeit (1250–1500 n. Chr.). Diese Zeit zeichnet sich gesellschaftlich durch eine strenge Ständegesellschaft aus. Den ersten Stand bildete der Klerus, die geistlichen Amt- und Würdenträger. Der zweite Stand bestand aus der adligen Bevölkerung und die unterste Stufe setzte sich aus den einfachen Bürgern und Bauern zusammen. Die Kirche bestimmte die Moral-, Werte- und Weltvorstellungen aller Stände. Der Adel herrschte, legitimiert von der Kirche, über das Leben der übrigen Bürger und Bauern. Der größte Teil der Bevölkerung, die Bauern und einfachen Bürger, war damit der Willkür der Reichen, Mächtigen und Geistlichen ausgesetzt. Zur Aufrechterhaltung ihrer Position fanden eine Reihe strenger Strafen und Foltermethoden Anwendung.

Frauen wurden mit Ausnahme Adliger und hoher kirchlicher Amtsinhaberinnen als Menschen minderer Art angesehen. Sie waren ihr Leben lang unmündige Bürgerinnen. Sie standen immer unter der Gewalt eines männlichen Familienmitglieds oder später unter der Herrschaft des Ehemannes. Ihre einzigen Aufgaben bestanden darin, einen ordentlichen Haushalt zu führen und Kinder zu gebären. Das höchste Gut einer Frau war damals ihre Jungfräulichkeit, die sie bis zur Eheschließung beizubehalten hatte. Ohne sie war eine Frau gesellschaftlich verloren, unehrenhaft und aus kirchlicher Sicht zum Fegefeuer verdammt.

Bei vielen Gelehrten zeigt sich hingegen eine zunehmende Abkehr von den allzu strengen und dogmatischen Werten und Weltvorstellungen der Kirche. Ebenso nimmt die Bildung des einfachen Volkes allmählich zu, sodass sich auch das Menschenbild langsam wandelt. Gleichwohl sind viele noch eine sehr lange Zeit den kirchlichen Moral- und Weltvorstellungen verhaftet und bewerten so die später einmal wegweisenden Entdeckungen und Aussagen der Wissenschaftler dieser Zeit als Hexerei und Gotteslästerung.

2 Fasse die wichtigsten Aspekte zu den gesellschaftlichen Lebensbedingungen im Mittelalter stichwortartig zusammen.

3 Lies nun den Szenenauszug aus Johann Wolfgang von Goethes Drama „Faust – der Tragödie erster Teil“.

Valentin, Gretchens Bruder, hat von dem heimlichen Verhältnis zwischen Faust und Gretchen erfahren. Er erinnert sich, wie er früher seinen Kameraden amüsiert zugehört hat, wenn sie über ihre heimlichen Liebschaften sprachen.

Nacht (HA: Vers 3620–3775)

Straße vor Gretchens Türe.

VALENTIN *(Soldat, Gretchens Bruder).*
Wenn ich so saß bei einem Gelag,
Wo mancher sich berühmen mag,
Und die Gesellen mir den Flor
Der Mägdlein laut gepriesen vor,
Mit vollem Glas das Lob verschwemmt –
Den Ellenbogen aufgestemmt
Saß ich in meiner sichern Ruh,
Hört’ all dem Schwadronieren zu,
Und streiche lächelnd meinen Bart,
Und kriege das volle Glas zur Hand
Und sage: Alles nach seiner Art!
Aber ist eine im ganzen Land,
Die meiner trauten Gretel gleicht,
Die meiner Schwester das Wasser reicht?
Topp! Topp! Kling! Klang! das ging herum;
Die einen schrieen: Er hat recht,
Sie ist die Zier vom ganzen Geschlecht!
Da saßen alle die Lober stumm.
Und nun! – um’s Haar sich auszuraufen
Und an den Wänden hinaufzulaufen! –
Mit Stichelreden, Naserümpfen
Soll jeder Schurke mich beschimpfen!
Soll wie ein böser Schuldner sitzen,
Bei jedem Zufallswörtchen schwitzen!
Und möcht ich sie zusammenschmeißen,
Könnt ich sie doch nicht Lügner heißen.

Was kommt heran? Was schleicht herbei?
Irr ich nicht, es sind ihrer zwei.
Ist er’s, gleich pack ich ihn beim Felle,
Soll nicht lebendig von der Stelle!
[…]

früher gelassen den Schmähungen über andere Mädchen zugehört

höchste Stufe der Vollkommenheit

Vor seinem Elternhaus trifft Valentin nun auf Mephisto und Faust. Mephisto beginnt zur Zither zu singen. Valentin ist sich sicher, Gretchens Verehrer erwischt zu haben. Er beschimpft Faust und Mephisto als „vermaledeite Rattenfänger“ und greift sie an. Von Mephisto angestachelt, sticht Faust den wütenden Valentin schließlich nieder. Während Faust und Mephisto eilig fliehen, versammeln sich Gretchen, Marthe und andere vom Lärm angezogene Bürger vor dem Haus. Valentin verbleibt noch die Kraft für eine Ansprache an die Menge.

VALENTIN. Ich sterbe! das ist bald gesagt
Und bälder noch getan.
Was steht ihr Weiber, heult und klagt?
Kommt her und hört mich an! *(Alle treten um ihn.)*
Mein Gretchen, sieh! du bist noch jung,
Bist gar noch nicht gescheit genung,
Machst deine Sachen schlecht.
Ich sag dir's im Vertrauen nur:
Du bist doch nun einmal eine Hur;
So sei's auch eben recht.
GRETCHEN. Mein Bruder! Gott! Was soll mir das?
VALENTIN. Lass unsern Herrgott aus dem Spaß.
Geschehn ist leider nun geschehn,
Und wie es gehn kann, so wird's gehn.
Du fingst mit e i n e m heimlich an,
Bald kommen ihrer mehre dran,
Und wenn dich erst ein Dutzend hat,
So hat dich auch die ganze Stadt.

Wenn erst die Schande wird geboren,
Wird sie heimlich zur Welt gebracht,
Und man zieht den Schleier der Nacht
Ihr über Kopf und Ohren;
Ja, man möchte sie gern ermorden.
Wächst sie aber und macht sich groß,
Dann geht sie auch bei Tage bloß,
Und ist doch nicht schöner geworden.
Je hässlicher wird ihr Gesicht,
Je mehr sucht sie des Tages Licht.

Ich seh wahrhaftig schon die Zeit,
Dass alle brave Bürgersleut,
Wie von einer angesteckten Leichen,
Von dir, du Metze! seitab weichen.
Dir soll das Herz im Leib verzagen,
Wenn sie dir in die Augen sehn!
Sollst keine goldne Kette mehr tragen!
In der Kirche nicht mehr am Altar stehn!
In einem schönen Spitzenkragen
Dich nicht beim Tanze wohlbehagen!
In eine finstre Jammerecken
Unter Bettler und Krüppel dich verstecken,
Und, wenn dir dann auch Gott verzeiht,
Auf Erden sein vermaledeit!
MARTHE. Befehlt Eure Seele Gott zu Gnaden!
Wollt Ihr noch Lästrung auf Euch laden?
VALENTIN. Könnt ich dir nur an den dürren Leib,
Du schändlich kupplerisches Weib!
Da hofft' ich aller meiner Sünden
Vergebung reiche Maß zu finden.
GRETCHEN. Mein Bruder! Welche Höllenpein!

VALENTIN. Ich sage, lass die Tränen sein!
Da du dich sprachst der Ehre los,
Gabst mir den schwersten Herzensstoß.
84 Ich gehe durch den Todesschlaf
Zu Gott ein als Soldat und brav. *(Stirbt.)*

4 Fasse mit deinen Worten kurz zusammen, worum es in dieser Szene geht.

5 Markiere Textstellen, die dir Anhaltspunkte zu Valentins Charakter und seinen Handlungsmotiven geben. Notiere dir Stichwörter am Rand des Textes.

6 Wo spiegeln sich die moralischen Ansichten und Wertvorstellungen des Mittelalters bei Valentin wider? Nimm dazu auch Bezug auf den Text in Aufgabe 1. Notiere dir Stichwörter und Textstellen.

7 Erläutere die inneren und äußeren Konflikte, die Valentin in dieser besonderen Situation bewältigen muss.

8 Valentin hat nur diesen einen Auftritt im Drama.
Erkläre, welch wichtige Funktion diese Figur dennoch im Drama hat.

9 Verfasse nun auf der Grundlage deiner Notizen eine Figurencharakterisierung zu Valentin.
Informiere dich dafür zunächst noch einmal im Infokasten. Schreibe auf ein separates Blatt.

INFO

Charakterisierung einer literarischen Figur

Die Charakterisierung ist ein beschreibender, aber auch ein interpretierender Text.
Die Charakterisierung orientiert sich an aussagekräftigen Textstellen, in denen …

- … der Charakter der Figur durch ihr Handeln, ihre Äußerungen und durch ihre Gedanken deutlich wird.
- … andere Figuren etwas über die zu charakterisierende Figur sagen.
- … das Verhältnis und Verhalten zu anderen Figuren beschrieben wird.

Der **Inhalt** wird nur insoweit wiedergegeben, als er für die Charakterisierung der Figur von Bedeutung ist. Für das Ableiten von Charaktereigenschaften werden aussagekräftige Textstellen (Zitate) genutzt.
Die notwendige Quellenangabe enthält die Seiten- und Zeilen- bzw. Versangabe.

Eine Charakterisierung schreibt man vorrangig im **Präsens**.
Sie lässt sich in folgende Teile gliedern:

Einleitung:
Sie enthält Angaben zu **Titel, Autor, Textart, Figur, Thema**.

Hauptteil:
Der Hauptteil enthält Angaben zu …

- Lebensumständen, Beruf, Familienverhältnissen,
- Beziehungen zu anderen literarischen Figuren,
- typischen Verhaltensweisen, charakteristischen Eigenschaften,
- Gefühlen, Gedanken, Ansichten,
- Handlungsmotiven und
- zur Bewältigung von inneren und äußeren Konflikten.

Schluss:
Zusammenfassung der wichtigsten Aussagen zum Charakter, zur Entwicklung und zur Funktion der Figur im Drama; **persönliche Stellungnahme** zur Figur.

Den Inhalt einer Ballade wiedergeben

Nis Randers

Otto Ernst (1907)

Krachen und Heulen und berstende Nacht,
Dunkel und Flammen in rasender Jagd –
Ein Schrei durch die Brandung!

Und brennt der Himmel, so sieht man's gut:
Ein Wrack auf der Sandbank! Noch wiegt es die Flut;
Gleich holt sich's der Abgrund.

Nis Randers lugt – und ohne Hast
Spricht er: „Da hängt noch ein Mann im Mast;
Wir müssen ihn holen."

Da fasst ihn die Mutter: „Du steigst mir nicht ein:
Dich will ich behalten, du bliebst mir allein,
Ich will's, deine Mutter!

Dein Vater ging unter und Momme, mein Sohn;
Drei Jahre verschollen ist Uwe schon,
Mein Uwe, mein Uwe!"

Nis tritt auf die Brücke. Die Mutter ihm nach!
Er weist nach dem Wrack und spricht gemach:
„Und *seine* Mutter?"

Nun springt er ins Boot, und mit ihm noch sechs:
Hohes, hartes Friesengewächs;
Schon sausen die Ruder.

Boot oben, Boot unten, ein Höllentanz!
Nun muss es zerschmettern ...! Nein: Es blieb ganz! ...
Wie lange? Wie lange?

Mit feurigen Geißeln peitscht das Meer
Die menschenfressenden Rosse daher;
Sie schnauben und schäumen.

Wie hechelnde Hast sie zusammenzwingt!
Eins auf den Nacken des andern springt
Mit stampfenden Hufen!

Drei Wetter zusammen! Nun brennt die Welt!
Was da? – Ein Boot, das landwärts hält –
Sie sind es! Sie kommen! – –

Und Auge und Ohr ins Dunkel gespannt ...
Still – ruft da nicht einer? – Er schreit's durch die Hand:
„Sagt Mutter, 's ist Uwe!"

1 Markiere dir Stellen, die für das Verständnis des Inhalts unbedingt notwendig sind – und die du für eine Inhaltsangabe benötigst.

(Aus: Otfried Preußler, Heinrich Pleticha (Hrsg.): Das große Balladenbuch. Thienemann, Stuttgart 2000)

INFO

Inhaltswiedergabe

1. Du musst den Nachweis erbringen, dass du die **entscheidenden Züge der Handlung** des Ausgangstextes verstanden hast.
2. Es muss erkennbar sein, dass du die **Fähigkeit des Zusammenfassens** besitzt. Sie besteht vor allem darin, zu **fokussieren** (den Blick auf das Wesentliche zu richten) und zu **abstrahieren** (von Unwesentlichem abzusehen).
3. In deiner Inhaltswiedergabe müssen folgende **Daten** vorhanden sein:
   - Name des **Autors**, **Titel** des Textes, **Entstehungsjahr**, Bezeichnung der **Gattung**;
   - zusammenfassende Bezeichnung, **worum** es im Text geht;
   - kurze Darstellung der **Handlungssituation**, der beteiligten **Figuren**, des **Ausgangs** der Handlung.
4. Deine Inhaltswiedergabe muss von folgenden **sprachlichen Merkmalen** bestimmt sein:
   - Sachlichkeit und Begrifflichkeit der **Informationssprache** – bei Verzicht auf Spannung, Anschaulichkeit, Dramatik, wörtliche Rede;
   - Tempus der Beschreibungssprache: **Präsens** (evtl. mit Perfekt der Vorzeitigkeit).

Achtung: Die **Gefahr** beim Schreiben einer Inhaltswiedergabe besteht darin, den Ausgangstext zwar formal im Präsens wiederzugeben und auf wörtliche Reden zu verzichten, ihn dann aber doch mit vielen Merkmalen der Anschaulichkeit und Spannung verkürzt nachzuerzählen.

2 Lies dir das folgende etwas verunglückte Schülerbeispiel durch und streiche zunächst alle sprachlichen Elemente durch, die der Schreiber noch aus der Ballade in seine Inhaltswiedergabe übernommen hat, die aber in einen Informationstext **nicht** hineingehören.

- Unterstreiche Ausdrücke, die du durch sachlichere ersetzen würdest.
- Außerdem solltest du am Rand anmerken, welche entscheidenden Daten fehlen – und welche Hinweise auf das, worum es hier eigentlich geht, du noch hinzufügen müsstest.

Ein Schiff ist ~~in der Nacht~~ an der Küste in einem ~~schrecklichen~~ Sturm zerschmettert worden. Doch im Mast sitzt noch ein Schiffbrüchiger. Nis, ein junger Mann, der im Dorf wohnt, will ihn unbedingt retten. Doch seine Mutter will das nicht, da fast die ganze Familie schon untergegangen ist. Ihr Mann und ihr Sohn Momme sind tot, und ihr Sohn Uwe ist verschollen. Doch Nis lässt sich von der Mutter nicht aufhalten. Also sammelt er einige andere starke Männer aus dem Dorf, um den Mann im Mast zu retten. Ihr Boot schaukelt gefährlich, aber es gelingt ihnen, durch die tobenden Wellen hindurch an das verunglückte Schiff zu gelangen und den Mann in letzter Minute zu retten. Es ist Uwe, der verschollene dritte Sohn. (122 Wörter)

3 Schreibe eine eigene Inhaltswiedergabe, indem du deine Markierungen aus Aufgabe 1 und den Infokasten oben beachtest. Die Inhaltswiedergabe sollte nicht mehr als 120 Wörter enthalten!

4 Vergleiche dann deinen Text mit der Inhaltswiedergabe in den Lösungen (Seite 70) – und überarbeite ihn gegebenenfalls noch einmal.

Eine Interpretation zu einer Ballade schreiben

INFO

Interpretation

Eine Inhaltswiedergabe ist stets der erste Teil einer Interpretation. Während eine Inhaltswiedergabe nur kurz darstellt, „worum es geht“, kommt es in der anschließenden **Interpretation** darauf an, deutlich zu machen, „wie der Text auf dich wirkt“ und wie er gestaltet ist, damit er so wirkt.
Dies einem Leser / einer Leserin zu erklären, ist die Aufgabe einer Interpretation.

Folgende Formulierungen könnten deine Interpretation der Ballade bestimmen:

Das zentrale Thema der Ballade ist ______

______

______

die dramatische Rettung eines Schiffbrüchigen aus Seenot – das gefahrvolle Leben der Fischer und ihre Auseinandersetzung mit der Natur – der heldenhafte Einsatz eines jungen Fischers, der seinen Bruder aus Seenot rettet – die Angst und der Mut der Menschen, die …

Das kommt vor allem dadurch zum Ausdruck, ______

______

______

dass der Dialog zwischen Mutter und Sohn im Mittelpunkt der Ballade steht – dass der Schilderung des tobenden Unwetters große Teile des Textes gewidmet sind – dass …

Von den zwölf Strophen der Ballade schildern sechs (die ersten beiden und die Strophen 8, 9, 10, 11) in dramatischen Worten ______

______

______

Im Zentrum der mittleren Strophen stehen ______

______

______

die erregten Rufe der Männer – die Gedankenreden der am Geschehen beteiligten Fischerleute – der Dialog zwischen Nis und seiner Mutter – …

Die Strophen bestehen (ganz ungewöhnlich!) aus jeweils drei Versen, von denen ______

______

______

______

die ersten beiden aus vier betonten Silben bestehen und sich reimen … – der letzte jedoch … – Dieser dritte Vers endet in den meisten Strophen mit … Das gibt dem Ganzen eine dramatische Form aus Bewegung und Stauung / aus Auf und Ab / aus …

Die Spannung der Ballade kommt dadurch zustande, dass

zu Beginn nur ein „Schrei“ zu hören ist, danach von einem „Mann“ die Rede ist, von dem niemand weiß, wer es ist; und am Schluss … – dass die Mutter andeutet, ihr Sohn Uwe sei „verschollen“, und am Ende …

Dass die Überschrift der Ballade „Nis Randers" heißt, erkläre ich mir so:

Typisch für eine Ballade ist, dass nicht alles bis ins Einzelne dargestellt wird. So bleibt offen

Hinzufügen möchte ich noch

Mich selbst beeindruckt am meisten

Nicht ganz verstanden habe ich

1 Lies dir die Ballade auf Seite 38 noch einmal genau durch, damit du weißt, worauf sich die angefangenen Sätze der Interpretation beziehen.

2 Wähle von den klein gedruckten Sätzen unter den Linien diejenigen aus, die du in deiner Interpretation verwenden möchtest. Du kannst sie natürlich auch anders formulieren, und du brauchst auch nicht alle Anregungen zu verwenden.

3 Ergänze zunächst die leeren Zeilen. Schreibe danach einen zusammenhängenden Interpretationstext auf ein separates Blatt.

Ein Gedicht mithilfe von Leitfragen untersuchen und erschließen

1 Lies zunächst nur die Überschrift des folgenden Gedichtes und schreibe spontan auf, worum es in dem Gedicht gehen könnte.

2 Lies dir das Gedicht von Mascha Kaléko nun in Ruhe durch

Sehnsucht nach dem Anderswo

Mascha Kaléko

Drinnen duften die Äpfel im Spind,
Prasselt der Kessel im Feuer.
Doch draußen pfeift Vagabundenwind[1]
Und singt das Abenteuer!

Der Sehnsucht nach dem Anderswo
Kannst du wohl nie entrinnen:
Nach drinnen, wenn du draußen bist,
Nach draußen, bist du drinnen.

[1] Vagabund: jemand, der das unstete (rastlose, ruhelose) Leben liebt, der es nicht lange an einem Ort aushält

3 Welche Gedanken und Gefühle werden bei dir nach dem ersten Lesen ausgelöst?

4 Beschreibe mit deinen Worten, worum es in diesem Gedicht geht.

5 Untersuche den Inhalt, den Aufbau und die Wirkung dieses Gedichtes.
- Notiere deine Ergebnisse zunächst stichwortartig.
- Lass dich dabei von folgenden Fragen leiten.

Leitfragen zur Erschließung von Gedichten

Lyrisches Ich

Wo befindet sich das lyrische Ich, das hier erzählt?
Wie gibt es sich sprachlich zu erkennen?

Gestaltungsmittel

Durch welche Gestaltungsmittel wird das Geschehen zum Leben erweckt?
- Welche anschaulichen Nomen, Verben und Adverbien fallen auf?
- Gibt es lautmalerische Wörter?
- Welche Metaphern und Personifikationen enthält das Gedicht? Und was bedeuten sie?

Tipp:
Schau dir dazu auch den Merkkasten unten an!

Form und Aufbau

Wie ist der Aufbau der Strophen gestaltet?
- Was wird in der ersten Strophe, was wird in der zweiten gesagt? Und wie wird es ausgedrückt?
- Wo und wie werden in diesem Gedicht Gegensätze zum Ausdruck gebracht?

Versmaß und Rhythmus

Wie sind die Verse rhythmisch gestaltet?
Lies das Gedicht dazu mehrere Male laut und spüre, ob du Unterschiede wahrnehmen kannst.

Klang

Gibt es Reime?
Welches Reimschema liegt vor?
Ist das Reimschema einheitlich?

Wirkung und Deutung

Welche Erkenntnis oder Botschaft kannst du für dich aus diesem Gedicht herauslesen?
Welche inhaltlichen Aspekte kannst du aus diesem Gedicht auf deine eigene Situation übertragen?

6 Fasse deine Ergebnisse nun in einem interpretierenden Text zusammen (Heft oder Mappe).

7 Tauscht eure Texte anschließend in kleinen Gruppen oder auch in Partnerarbeit aus. Benennt Gemeinsamkeiten bzw. Unterschiede und diskutiert miteinander darüber.

INFO

Metaphern

Metaphern sind Bilder, bei denen die Wörter nicht in ihrer eigentlichen, sondern in einer **übertragenen Bedeutung** verwendet werden.

Durch Metaphern werden Dinge oder Erscheinungen in der Natur lebendig. Eine besondere Form der Metapher ist die **Personifikation.** Wenn in Gedichten leblose Dinge, Pflanzen, Naturerscheinungen oder Tiere etwas tun, was insbesondere Menschen tun oder empfinden können, dann werden sie personifiziert, das heißt: Sie treten wie Personen auf und erhalten menschliche Züge.

Metaphern sprechen in besonderer Weise unsere **Gefühle** und **sinnliche Wahrnehmung** an – und prägen sich deshalb auch viel stärker ein als Begriffe. Darin liegt die außergewöhnliche Kraft der lyrischen Bilder.

Ein Gedicht selbstständig mithilfe von Leitfragen interpretieren

1 Lies dir das Gedicht von Mascha Kaléko mehrere Male in Ruhe durch.

In den Regen – – –

Mascha Kaléko

Stehst du jetzt auch und trauerst in den Herbst
Vor nebelüberwölkten Fensterscheiben?
Gehst du jetzt auch verlassen durch den Park
Und läßt wie welkes Laub vom Wind dich treiben …

Hockst du jetzt auch bei müdem Lampenlicht
Und schreibst an den Papierkorb lange Briefe?
Horchst du wie ich, wenn draußen jemand spricht,
Und hoffst noch immer, daß dich einer riefe –

Kein Laut. Nur Regen tropft von Fensterbänken.
Was mich betrifft: ich fühl mich so allein.
Ich möchte meine Sumpfschildkröte[1] sein
Und mich in tiefen Winterschlaf versenken.

[1] eine kleine bis mittelgroße, überwiegend im Wasser lebende Schildkröte, die sich im Winter auf den Boden sinken lässt, um dort zu überwintern

2 Nutze die folgende Übersicht, um dir dieses Gedicht zu erschließen.
- **Achtung:** Nicht jeder dieser Aspekte muss sich in diesem Gedicht widerspiegeln.
- Halte deine Notizen schriftlich fest.
- Für deine Arbeit kannst du auch den Infokasten auf Seite 43 nutzen.

Leitfragen zur Erschließung von Gedichten

Erster Eindruck und Anmutung

Welche Gefühle und Gedanken werden bei dir ausgelöst?
- Welche Eindrücke bleiben in besonderer Weise bei dir haften?
- Was hast du beim ersten Lesen noch nicht verstanden?

Thema / Inhalt

Worüber ist das wohl ein Gedicht?
Über die Liebe, die Natur, den Tod, Alltägliches, über Stimmungen und Gefühle, über Sehnsüchte, Träume, rätselhafte Erscheinungen …?

Lyrisches Ich

Ist ein lyrisches Ich zu erkennen?
- Wie gibt es sich zu erkennen: als *Ich*, als *Wir* oder in Form der *du*-Anrede?
- Was denkt dieses Ich?
- In welcher Situation befindet es sich?
- Welche Einstellung oder Grundhaltung kannst du beim Ich herauslesen: glücklich, traurig, ruhig betrachtend, sachlich, kritisch, begeistert, rebellisch, humorvoll, ironisch, belehrend …?

Form und Aufbau	**Was lässt sich über die Form und den Aufbau des Gedichtes sagen?** • Wie viele Strophen und Verse hat das Gedicht? • Ist der Aufbau regelmäßig / unregelmäßig? • Wie unterscheiden sich die einzelne Strophen inhaltlich voneiander? • Fallen einzelne Verse besonders auf? • Sind die Verse eher kurz oder lang? • Sind die Verse zentriert gesetzt?
Versmaß und Rhythmus	**Wie ist der Rhythmus des Gedichtes?** • Ist der Rhythmus regelmäßig oder unregelmäßig, bewegt oder ruhig? • Welches Metrum kannst du erkennen? • Ist das Gedicht in freien Versen geschrieben? • Gibt es Enjambements?
Klang	**Gibt es Reime?** • Welches Reimschema liegt vor? • Gibt es auffällige Wiederholungen bestimmter Wörter oder Laute (Vokale, Konsonanten)? • Gibt es lautmalerische Wörter?
Gestaltungsmittel	**Welche Gestaltungsmittel fallen dir besonders ins Auge?** • Fällt an der Zeichensetzung etwas auf? • Gibt es Auffälligkeiten in der Groß-/Kleinschreibung? • Gibt es Auffälligkeiten in der Wortwahl (Alltagswörter, Wortneuschöpfungen)? • Gibt es Gegensätze? Wie werden sie sprachlich zum Ausdruck gebracht? • Gibt es Auffälligkeiten im Aufbau der Sätze? • Gibt es Wiederholungen? Von welcher Art sind sie?
Bilder	**Gibt es auffällige sprachliche Bilder?** • Gibt es Metaphern und Vergleiche? • Gibt es Personifikationen? (Dinge, Naturerscheinungen oder Tiere, die menschliche Züge erhalten und wie Personen auftreten) • Wendet sich die Sprache an das Gefühl? • Welche Sinne werden angesprochen? (Sehen, Hören, Riechen, Fühlen, Schmecken)
Wirkung und Deutung	**Wie verstehst du das Gedicht, nachdem du dich näher damit befasst hast?** • Wie lässt sich die Wirkung des Gedichtes auf dich beschreiben? • Welche Gefühle und Gedanken löst das Gedicht in dir aus? • Welche Verse, Wörter, Bilder … haben dich besonders beeindruckt? • Was lässt sich aus dem Gedicht auf deine eigene Sitution übertragen? • Gibt es auch Fragen, die für dich offengeblieben sind? • Wie würdest du das Gedicht sprechen: eher nachdenklich, eher fröhlich oder eher traurig? eher sachlich und nüchtern, eher langsam oder eher schnell? eher laut oder eher leise?

3 Schreibe jetzt eine Interpretation zum Gedicht „In den Regen“ von Mascha Kaléko (Heft oder Mappe).
- Nutze dazu deine Notizen aus Aufgabe 2.
- Deine Deutungen kannst du mit Zitaten aus einzelnen Strophen oder Versen untermauern.

Die Vielschichtigkeit eines außergewöhnlichen Erzählgedichtes erschließen

1 Das folgende Gedicht von Bertolt Brecht gehört mit zu den schönsten Erzählgedichten der deutschen Literatur. Setzt euch zu zweit oder in Gruppen zusammen und geht gemeinsam auf Entdeckungsreise. Macht euch zunächst mit den folgenden Informationen vertraut:

Hintergrundinformationen:
Der Philosoph Laotse soll im 6. Jahrhundert vor Christus gelebt haben. Als es ihm in China wegen seiner revolutionären „Lebensregeln" zu gefährlich wurde, begab er sich auf die Flucht, ohne dass er seine Gedanken zu Papier gebracht hatte. Bertolt Brecht erzählt nun hier die Legende, wie und an welchem Ort Laotse seine Gedanken aufgeschrieben hat, sodass sie einmal veröffentlicht werden könnten. Später sind die „81 Sprüche" des Buches Taoteking tatsächlich über die Grenzen Chinas hinaus in aller Welt bekannt geworden. Am bekanntesten ist wohl der Spruch vom „weichen Wasser" (dem geduldigen, widerstandsfähigen Volk) das den „harten Stein" (die starre Herrschaft der Regierungen) allmählich besiegt: „Auf der Welt gibt es nichts, was weicher und dünner ist als Wasser. Doch um Hartes und Starres zu bezwingen, kommt nichts diesem gleich. Dass das Schwache das Starke besiegt, das Harte dem Weichen unterliegt, jeder weiß es, doch keiner handelt danach." *(Laotse)*

2 Lest das Gedicht zuerst einmal leise – jeder / jede für sich. Tragt es dann laut vor. Eindrucksvoll wäre es, wenn die Strophen wechselweise von verschiedenen Sprecherinnen und Sprechern vorgetragen würden.

Legende von der Entstehung des Buches Taoteking auf dem Wege des Laotse in die Emigration

Bertolt Brecht

1 Als er Siebzig war und war gebrechlich
Drängte es den Lehrer doch nach Ruh
Denn die Güte war im Lande wieder einmal schwächlich
Und die Bosheit nahm an Kräften wieder einmal zu.
Und er gürtete den Schuh.

2 Und er packte ein, was er so brauchte:
Wenig. Doch es wurde dies und das.
So die Pfeife, die er immer abends rauchte
Und das Büchlein, das er immer las.
Weißbrot nach dem Augenmaß.

3 Freute sich des Tals noch einmal und vergaß es
Als er ins Gebirg den Weg einschlug.
Und sein Ochse freute sich des frischen Grases
Kauend, während er den Alten trug.
Denn dem ging es schnell genug.

4 Doch am vierten Tag im Felsgesteine
Hat ein Zöllner ihm den Weg verwehrt:
„Kostbarkeiten zu verzollen?" – „Keine."
Und der Knabe, der den Ochsen führte, sprach: „Er hat gelehrt."
Und so war auch das erklärt.

5 Doch der Mann in einer heitren Regung
Fragte noch: „Hat er was rausgekriegt?"
Sprach der Knabe: Daß das weiche Wasser in Bewegung
Mit der Zeit den harten Stein besiegt.
Du verstehst, das Harte unterliegt."

6 Daß er nicht das letzte Tageslicht verlöre
Trieb der Knabe nun den Ochsen an
Und die drei verschwanden schon um eine schwarze Föhre
Da kam plötzlich Fahrt in unsern Mann
Und er schrie: „He, du! Halt an!

7 Was ist das mit diesem Wasser, Alter?"
Hielt der Alte: „Interessiert es dich?"
Sprach der Mann: „Ich bin nur Zollverwalter
Doch wer wen besiegt, das interessiert auch mich.
Wenn du's weißt, dann sprich!

8 Schreib mir's auf! Diktier es diesem Kinde!
So was nimmt man doch nicht mit sich fort.
Da gibt's doch Papier bei uns und Tinte
Und ein Nachtmahl gibt es auch: ich wohne dort.
Nun, ist das ein Wort?"

9 Über seine Schulter sah der Alte
Auf den Mann: Flickjoppe. Keine Schuh.
Und die Stirne eine einzige Falte.
Ach, kein Sieger trat da auf ihn zu.
Und er murmelte: „Auch du?"

10 Eine höfliche Bitte abzuschlagen
War der Alte, wie es schien, zu alt.
Denn er sagte laut: „Die etwas fragen
Die verdienen Antwort." Sprach der Knabe: „Es wird auch schon kalt."
„Gut, ein kleiner Aufenthalt."

11 Und von seinem Ochsen stieg der Weise
Sieben Tage schrieben sie zu zweit
Und der Zöllner brachte Essen (und er fluchte nur noch leise
Mit den Schmugglern in der ganzen Zeit).
Und dann war's soweit.

12 Und dem Zöllner händigte der Knabe
Eines Morgens einundachtzig Sprüche ein.
Und mit Dank für eine kleine Reisegabe
Bogen sie um jene Föhre ins Gestein.
Sagt jetzt: kann man höflicher sein?

13 Aber rühmen wir nicht nur den Weisen
Dessen Name auf dem Buche prangt!
Denn man muss dem Weisen seine Weisheit erst entreißen.
Darum sei der Zöllner auch bedankt:
Er hat sie ihm abverlangt.

3 Tauscht eure ersten Eindrücke zu diesem Erzählgedicht im Plenum aus.

4 Nehmt nun verschiedene sprachliche Gestaltungsmittel von Brecht näher unter die Lupe: die **Zeichensetzung** sowie die **Art der Sprache**, in der sich die drei verständigen und die ihren Umgang miteinander kennzeichnet.

5 Auffallend in diesem Gedicht ist auch die **Höflichkeit**, mit der sich die drei zueinander verhalten. So heißt es in der 5. Strophe: *Doch der Mann in einer heitren Regung / Fragte* […]
Zitiert weitere Textstellen, in denen Freundlichkeit, Respekt und Höflichkeit zum Ausdruck kommen.

6 Besonders ist auch das Verhältnis des großen Philosophen Laotse zu dem Knaben, der ja wohl schon eher ein Jugendlicher ist. In der 4. Strophe heißt es:
Und der Knabe, der den Ochsen führte, sprach: „Er hat gelehrt."
Ermittelt weitere Stellen, in denen deutlich wird, wie der Knabe und Laotse zueinander stehen.

7 Manche Verse hat Brecht in **einfachster Sprache**, ja fast **umgangssprachlich** formuliert:
Und dann war´s soweit. (Strophe 11)
Und auch die Personen lässt er mitunter etwas umgangssprachlich bzw. kurz angebunden miteinander sprechen:
„Kostbarkeiten zu verzollen?" – „Keine." (Strophe 4); […] *„Hat er was rausgekriegt?"* (Strophe 5);
„[…] / *Was ist das mit diesem Wasser, Alter?"* (Strophe 7); Hielt der Alte: *„Interessiert es dich?"* (Strophe 7).
- Diskutiert, inieweit durch diese sprachliche Gestaltung der Unterschied zwischen Jung und Alt, zwischen dem einfachen Zöllner und dem gebildeten Philosophen völlig ausgeglichen wird.
- Sucht weitere Beispiele dieser Art und lest sie vor.

8 Die 9. Strophe endet mit einer kurzen, etwas rätselhaften Frage. Deutet diese Frage.

9 Etwas ganz Besonderes ist auch die **Form** dieses Erzählgedichtes.
Bertolt Brecht hat hier etwas Neues geschaffen, das ganz anders ist als in klassischen Balladen.
- Schaut euch einmal an, wie viele Verse eine Strophe hat, wie die Verse gereimt sind und wie lang die einzelnen Verse sind.
- Dann schaut euch die **letzten Verse** in jeder Strophe an, die ja geradezu „aus dem Rahmen fallen". Lest sie der Reihe nach vor und macht euch ihre lapidare (kurze, knappe, treffende) Wirkung sowie auch ihre Bescheidenheit klar.

10 Euer Wissen / Eindruck von diesem Gedicht hat sich im Vergleich zum ersten Lesen sicher vertieft.
- Tragt es noch einmal vor – eventuell wieder mit verschiedenen Sprecherinnen und Sprechern.
- Beschreibt nun einmal aus eurer Sicht, was **ihr** an diesem Gedicht besonders schätzt.

Zentrale Motive einer literarischen Epoche untersuchen

Kurze Einführung und Hintergrundinformationen

Im Jahr 1772 wurde in Frankfurt am Main die Kindsmörderin Susanna Brandt hingerichtet. Das ledige Hausmädchen hatte ihre Schwangerschaft geheim gehalten und das Neugeborene gleich nach der heimlichen Geburt umgebracht.

Den 23-jährigen Johann Wolfgang von Goethe bewegten Prozess und Hinrichtung so stark, dass er das Schicksal der ledigen Kindsmörderin gleich mehrfach literarisch verarbeitete: zum einen in der Gestalt der Figur *Gretchen* in seinem berühmten Drama *Faust*, zum anderen in diesem Gedicht *Vor Gericht*, das ungefähr zeitgleich mit der ersten Fassung des Dramas entstand.

Anders als Susanna Brandt und Gretchen hat die Sprecherin des Gedichtes ihr Kind nicht umgebracht. Als unverheiratet Schwangere steht sie wegen „Unzucht", d. h. Prostitution, vor Gericht.

In Form eines Rollengedichtes (der Verfasser schlüpft in eine Rolle und spricht aus ihrer Sicht) übt der junge Goethe Kritik an Moral und Gesetz seiner Zeit.

Als typisches Gedicht der **Sturm-und-Drang-Epoche** bricht es mit den als überholt und verlogen empfundenen Moralvorstellungen und leiht seine Stimme einer verfemten Außenseiterin der Gesellschaft.

Vor Gericht

Johann Wolfgang von Goethe (1774)

Von wem ich es habe, das sag ich euch nicht,
Das Kind in meinem Leib. –
Pfui! Speit ihr aus: die Hure da! –
Bin doch ein ehrlich Weib.

Mit wem ich mich traute, das sag ich euch nicht.
Mein Schatz ist lieb und gut,
Trägt er eine goldene Kett am Hals,
Trägt er einen strohernen Hut.

Soll Spott und Hohn getragen sein,
Trag ich allein den Hohn.
Ich kenn ihn wohl, er kennt mich wohl,
Und Gott weiß auch davon.

Herr Pfarrer und Herr Amtmann ihr,
Ich bitt, lasst mich in Ruh!
Es ist mein Kind, es bleibt mein Kind,
Ihr gebt mir ja nichts dazu.

1 Das lyrische Ich in diesem Gedicht befindet sich in außergewöhnlichen Situation.

- Beschreibe die Situation, in der sich die Sprecherin befindet, mit deinen Worten.

____

____

____

____

- Wie wirkt die Sprecherin auf dich? Welchen Eindruck gewinnst du von ihr?

- Wie beschreibt sich die Sprecherin selbst?

2 Skizziere mögliche Reaktionen der in dem Gedicht angesprochenen Personen auf die Rede der Frau.

3 Indirekt spricht das lyrische Ich auch uns Leser und Leserinnen an.
Skizziere mögliche Reaktionen der **damaligen** und **heutigen** Leserinnen und Leser auf die Rede der Frau.

4 Deute die folgenden Verse:

Mein Schatz ist lieb und gut, / Trägt er eine goldene Kett am Hals, / Trägt er einen strohernen Hut.

Soll Spott und Hohn getragen sein, / Trag ich allein den Hohn.

5 Beschreibe die formale und sprachliche Gestaltung des Gedichtes. Gehe dabei auf folgende Aspekte ein: **Strophen** (Anzahl, Länge der Verse, Reimform), **Satzbau**, **Parallelismen**, **Wortwiederholungen**.

6 Setze dich mit den Argumenten auseinander, mit denen das lyrische Ich seinen Standpunkt darlegt und sich verteidigt.

7 Ist die Rede des lyrischen Ichs aus deiner Sicht eine Verteidigung oder eine Anklage?
Nimm Stellung zu dieser Frage und beziehe bei deinen Überlegungen auch den Titel des Gedichtes mit ein.

8 Fasse deine Erkenntnisse in einer Interpretation zusammen.
Berücksichtige dabei auch die literarische Epoche, in der das Gedicht entstanden ist.

Sich in die Gefühle literarischer Figuren hineinversetzen

Mädchen an der Biegung des Stromes

Siegfried Lenz

Unter Mittag warf das holländische Motorschiff „Willem“ die Leinen los und verließ ohne Schlepperhilfe das Hafenbecken. Es lief mit langsamer Fahrt den Strom[1] hinab, tuckernd und tiefgehend, und außer dem Rudergänger[2] war nur ein Mann an Deck. Er stand achtern[3] beim Flaggenstock, die Hände auf die Reling[4] gestützt, und er blickte zu den Werften[5] hinüber, wo schrille, tackende, ratternde Arbeitsgeräusche erklangen. Und während das Küstenmotorschiff weiterglitt, wurde auch sein Blick von der Werft mit all ihrer Arbeit abgezogen, der Blick des holländischen Leichtmatrosen[6] Piet Oppenkouter glitt das befestigte, betonverankerte Ufer entlang – ein ruhiger, abschiednehmender Blick. Und dann sah er das Mädchen, er sah es von der Mitte des Stromes, ein Mädchen im grünen Kleid. Es stand am Ufer auf einem Zementsockel, stand allein da unter dem flachen, verhangenen Horizont und es blickte herüber. Und plötzlich bemerkte Piet, daß das Mädchen die Hand hob und winkte, es war ein langsames, nachdenkliches Winken und Piet Oppenkouter zögerte anzunehmen, daß dieses Winken ihm galt. Er blickte zum Ruderhaus hinüber, aber der Rudergänger hatte seine Augen voraus, und dann versicherte er sich, daß sonst niemand an Deck war außer ihm: Das Winken galt ihm, Piet Oppenkouter, dem rothaarigen holländischen Leichtmatrosen auf dem Küstenmotorschiff „Willem“. Solange er fuhr – und er war über ein Jahr an Bord –, solange er unterwegs gewesen war mit der „Willem“, hatte ihm allein noch nie jemand so ausdrücklich gewinkt. Und er sah schnell zu dem Mädchen zurück, das immer noch winkend auf dem Zementsockel stand, und er winkte zurück. Und das Mädchen stand lange und aufrecht da, allein unter dem flachen Horizont und sie winkten einander so lange, bis sie ihren Blicken entschwunden waren. Und der Junge fuhr an den Küsten hinauf bis nach Schottland, sie hatten wenig Fracht und ihre Arbeit bestand nur im Rostpicken und Farbewischen und Nachdenken, und Piet Oppenkouter, rothaariger, verstockter[7] Leichtmatrose, dachte immerfort an das Mädchen. Er sah sie in dem grünen Kleid auf dem Zementsockel stehen, ein paar hundert Meter entfernt, und er sah ihr nachdenkliches, nie zu Ende gehendes Winken und hatte sich genug versichert, daß es nur ihm galt.

Und dann brachte sie ein Auftrag wieder in diesen Hafen zurück, und obwohl er Freiwache hatte und auf Vorrat schlafen mußte, stand er wieder auf dem Achterdeck neben dem Flaggenstock und blickte voraus. Dann kam die letzte Biegung des Stroms und er legte sich weit über die Reling vor Ungeduld, um den Zementsockel auszumachen. Es war Mittag, als sie die Werften passierten und zwischen ihnen, auf dem Zementsockel, entdeckte er das Mädchen wieder: Es stand starr und seltsam feierlich auf dem Sockel, ohne zu winken.

[1] Strom: großer Fluss, der ins Meer mündet
[2] Rudergänger: Seemann, der das Schiff steuert (nach den Anweisungen des Kapitäns/der Kapitänin
[3] achtern: *Niederdeutsch für:* hinten. Das Achterdeck ist ein erhöhtes Deck im hinteren Teil eines Schiffes
[4] Reling: Geländer, das das offene Deck eines Schiffes umgibt
[5] Werft, die: Betrieb zum Bau und zur Reparatur von Schiffen und Booten
[6] Leichtmatrose: So nannte man bis 1983 in der Handelsmarine einen Seemann, der sich im 2. Ausbildungsjahr befand. Sein Rang lag zwischen Schiffsjunge und Vollmatrose. Erst nach dem dritten Ausbildungsjahr erhielt der Leichtmatrose den Rang eines Vollmatrosen.
[7] verstockt: an etwas festhalten, bei etwas bleiben, nicht zum Nachgeben bereit sein

Es blickte nur herüber zum Schiff und der Junge an der Reling starrte betroffen zu ihr hin. Aber plötzlich begann sie zu winken, so, als ob sie ihn erkannt hatte, sie winkte versunken und grüblerisch und er nahm das Winken auf und lief an der Reling entlang und winkte zurück. Er war sicher, daß sie ihn wiedererkannt hatte und er winkte so lange, bis das Schiff hinter den Werften verschwand.

Sie machten fest und nahmen Koks[8] für Schweden an Bord, und als sie ausliefen, waren sie im Kielwasser[9] eines englischen Passagierdampfers. Und der rothaarige Junge entdeckte schon von weitem das Mädchen auf dem mächtigen Zementsockel, er sah es reglos zu dem Passagierdampfer hinüberblicken, ohne sich zu bewegen, ohne zu winken. Und dann waren sie querab[10], die „Willem“ lag genau auf der Höhe des Mädchens, und bevor Piet seine Hand gehoben hatte, sah er schon, daß sie ihm winkte. Und jetzt wußte er, daß das Winken ihm galt, ihm allein, dem rothaarigen Leichtmatrosen Piet Oppenkouter.

Und sein Schiff fuhr die Küsten Europas entlang, Wochen und Monate, und wenn er zurückkam in diesen Hafen, stand das Mädchen da und winkte, winkte ihm allein. Und wo immer er war, dachte er an sie und wann immer sie Order erhielten, diesen Hafen anzulaufen, bereitete er sich auf das Ereignis des Winkens vor: Ihm war zumute, als ob er heimkäme, obwohl er das Mädchen nie gesehen hatte. Er gab ihm einen Namen, während er unterwegs war, er setzte sich hin während der Freiwache und schrieb Briefe, die niemals die erreichten, der sie zugedacht waren – und jedesmal, wenn er sie am Ufer gesehen hatte, forschte und grübelte er, woher sie das Datum ihres Einlaufens erfahren hatte.

Und in einem Herbstnebel hatten sie eine leichte Kollision auf dem Strom, der Steven[11] wurde verbogen und die „Willem“ ging für einige Zeit ins Dock. Die Besatzung nahm Urlaub. Und der Junge ging an den Werften vorbei, gemächlich und versonnen, er ging allein die Straße hinauf, die ein Stück neben dem Strom lief, und dann fand er den großen schrägen, unvergeßlichen Zementsockel. Er war leer. Piet ging hinauf bis zur vorderen Kante und blickte über den Strom, er blickte einem Schlepper nach, der mit großer Kraft vorbeirauschte, kleiner und kleiner wurde und zur Mündung des Stromes hin verschwand. Dann sprang er hinab auf das Ufer und sah zu dem kleinen, ziegelroten Haus auf dem Sandhügel hinüber, und unvermutet ging er den weichen Weg hinauf. Er ging zur Tür und überlegte nicht einmal, was er sagen würde, wenn die nußbraune Tür sich öffnete. Und der Junge klopfte an und zog die saubere Schiffermütze vom Schädel, er stand rothaarig und groß und rasiert auf der zementgegossenen Treppe und wartete.

Und auf einmal öffnete sich die Tür, der Spalt wuchs, und er sah zuerst eine Krücke mit einem Gummiabsatz und dann eine Hand und schließlich das Mädchen. Und das Mädchen lächelte. Der Junge ging die Treppe hinauf und gab ihr die Hand. Sie stand blaß und leicht mit traurigem Lächeln vor ihm, und als er das Lächeln aufnahm und nicht zurückging und stehenblieb, sagte sie: „Der Tee ist noch warm, wir wollen hineingehen.“ Und er nickte und ging hinein.

[8] Koks, der: ein poröser, stark kohlenstoffhaltiger Brennstoff
[9] Kielwasser: Verwirbelung des Wassers, die durch die Bewegung eines Schiffes auf das Wasser übertragen wird
[10] querab: Etwas befindet sich rechtwinklig zur Kielliene eines Schiffes.
[11] Steven, der: Der (Vorder-) Steven ist die vordere, oft fast senkrechte Verlängerung des Kieles eines Schiffes.

1 Es braucht nur wenige Augenblicke und Gesten, damit diese beiden jungen Menschen zueinanderfinden können. Lies in den Zeilen 10–24 nach und skizziere stichwortartig, wie ihre **erste Begegnung** verläuft.

2 Welche Gewissheit löst diese erste Begegnung in Piet Oppenkouter aus? Markiere die entsprechende Textstelle.

3 Die zweite Begegnung beginnt für beide mit einem Hauch von Unsicherheit.
Markiere in den Zeilen 32–40 Textstellen, die dies zum Ausdruck bringen.

4 Erneut läuft das Schiff aus … (Zeile 44–51)

- Notiere, welche Gewissheit der Matrose von nun an mit auf jede seiner Reisen nimmt.

- Notiere auch, welche Gefühle und Handlungen die weiteren Begegnungen mit dem Mädchen in Piet auslösen. Fündig wirst du in Zeile 52–60.

5 Als die „Willem" zur Reparatur im Dock liegt und die Mannschaft Urlaub nimmt, sucht der Matrose schließlich den Weg zu dem Mädchen.

- Markiere die zwei Adjektive im vorletzten Absatz, die zeigen, dass Piet diesen Weg **ruhig** und **nachdenklich** geht.
- Wie erklärst du dir, dass er auf seinem Weg zum ziegelroten Haus nicht einmal überlegt, was er beim Öffnen der Tür sagen wird?

- Welche Erklärung hast du dafür, dass das Mädchen nach dem Öffnen der Tür „blaß und leicht mit traurigem Lächeln vor ihm" steht?

6 Was genau tut Piet in dieser Situation? Und was tut er **nicht**?
Zitiere die entscheidende Passage, die dir als Leser / Leserin die Gewissheit verschafft, dass die beiden jungen Leute zueinander gefunden haben und bestimmt glücklich miteinander werden können.

Die Handlungsmotive einer literarischen Figur nachvollziehen

Die Metzgerlehre

Leonie Ossowski

Ein Schwein wurde geschlachtet. Es war Fietschers erster Arbeitstag, bisher hatte er noch nichts zu tun. Er sah nur das Schwein an und dachte darüber nach, wie es wohl sterben würde.

Fietscher hatte nie Metzger werden wollen. Er wollte nicht schlachten, nicht Fleisch schneiden, keine Wurst machen und nicht im Blut rühren.

Er wollte zur See fahren und das hatte man ihm verboten. Was also dann? Genau das wusste er nicht. Trotz vieler Vorschläge hatte er sich für nichts anderes als für das Auf-dem-Wasser-Herumfahren entscheiden können. Trotzdem sagte der Vormund: Metzger. Jeder Widerspruch blieb sinnlos.

Also das Schwein. Es lief herum und quiekte und war groß und fett. Ein schönes Schwein, von dem man lange essen konnte, sagte der Bauer, während die Bäuerin Eimer und Schüsseln für das Blut zurechtstellte. Das Schwein lief hin und her. Nicht sehr weit, denn es war am Hinterbein an einen Baum gebunden und sah Fietscher unter rosa Wimpern an.

Steh nicht so rum, sagte der Metzger, dem – wie den meisten Metzgern – ein Finger von den Händen fehlte, hol das Schießeisen. Fietscher lief zum Auto und kam unverrichteter Dinge zurück. Er hatte das Schießeisen in der Metzgerei liegen gelassen. Da fiel dem Metzger ein gutes Mittel gegen Fietschers Vergesslichkeit ein. Fietscher sollte jetzt das Schwein selber totschlagen. Die Bäuerin war dagegen, hatte das Schwein ein Jahr gefüttert und eine Beziehung zu ihm gewonnen, der Bauer nicht. Fietscher wurde blass und es würgte ihn im Hals. Das Schwein quiekte, zwinkerte und spürte Angst. Das sah Fietscher ihm an.

Ich kann nicht, sagte er.

Der Metzger war anderer Meinung, drückte ihm eine Axt in die Hand, stand mit einem großen Vorschlaghammer neben ihm, bereit, den zweiten Schlag zu führen, und schon im Vorhinein Fietscher nichts zutrauend.

Also los!

Ich kann nicht.

Da bekam Fietscher einen Schlag, nicht doll und vorerst nur ins Genick, aber er stolperte, fiel vornüber auf das Schwein, umarmte es, um nicht in den Dreck zu rutschen, und sah sich Auge in Auge mit ihm.

Alle lachten: die Bäuerin, der Bauer, der Metzger.

Los!

Fietscher stand auf und wusste Bescheid. Auch das Schwein wusste wohl Bescheid, quiekte jedenfalls nicht mehr, zeigte Vertrauen und stand ganz still.

Da schlug Fietscher mit dem verkehrten Ende der Axt zu.

Es war ein großartiger Schlag. Das Schwein fiel gleich um. Der Metzger brauchte nicht zum Nachschlag auszuholen. Fietschers Schlag hatte genügt. Hohl und dumpf dröhnte er auf dem Schweineschädel, brummte noch nach und hinterließ keine Spur. Das Schwein hatte nicht einmal mehr Zeit gehabt die Augen zuzumachen, so gut saß der Schlag.

Der Metzger war sehr zufrieden, warf den Hammer weg und stach das Tier ab. Die Bäuerin holte die Schüssel für das Blut, der Bauer das Wasser für den Trog. Alles ging wie am Schnürchen.

Nur in Fietschers Ohren brummte der Schlag und fing dort ein Getöse an, sodass er die Zurufe des Metzgers nicht verstand!

Weiß der Himmel, wie lange er nutzlos herumgestanden oder auch diesen oder jenen Handgriff gemacht hatte.

Plötzlich drückte ihm der Metzger den Kopf des Schweines in die Hand. Trag ihn in die Küche!

Fietscher hielt den Schweinekopf an den Ohren. Die offenen Augen waren auf ihn gerichtet. Immer noch läppisch vertrauensselig sah das tote Vieh ihn an.

Da rannte er los. Nicht in die Küche, sondern am Haus vorbei, herunter zum Neckar bis zur Brücke, unter der ein Kahn mit Koks durchfuhr. Fietscher ließ den Schweinekopf fallen, mitten auf den Koks, wo er still und rosa liegen blieb und nun mit offenen Augen in aller Ruhe bis Stuttgart fahren würde.

Und endlich hörte das Brummen vom Schlag in Fietschers Ohren auf. Er ging zurück zum Metzger, steckte ohne Mucken und Tränen gewaltige Prügel ein, ohne eine Erklärung für sein Handeln abzugeben. Eine Zufriedenheit hatte ihn mit dem Davonfahren des Schweinekopfes auf dem Schiff erfüllt, die ihm niemand nehmen konnte.

1 Schreibe kurz auf, welche Gedanken dir nach dem Lesen durch den Kopf gehen.

2 Lies den Text noch einmal aufmerksam mit Blick auf die **Hauptfigur**.
Markiere während des Lesens alle Informationen, die du zu Fietscher bekommst.

3 Erkläre, warum Fietscher den Kopf des Schweines deiner Meinung nach auf den Kahn fallen lässt.
Berücksichtige dabei,
- welchen Beruf Fietscher ursprünglich ergreifen wollte,
- was Fietscher möglicherweise mit dieser Kahnfahrt verbindet und
- wie er sich selbst nach dieser Aktion fühlt.

4 Schreibe auf, was dich an der Figur Fietscher in dieser Geschichte beeindruckt.

Die Bedeutung des Symbols in einem Text erkennen und deuten

Die folgende Anekdote von Johann Peter Hebel beruht auf einer wahren Begebenheit aus Schweden.

Unverhofftes Wiedersehen

Johann Peter Hebel

In Falun in Schweden küsste vor gut fünfzig Jahren und mehr ein junger Bergmann seine junge hübsche Braut und sagte zu ihr: „Auf Sankt Luciä[1] wird unsere Liebe von des Priesters Hand gesegnet. Dann sind wir Mann und Weib und bauen uns ein eigenes Nestlein." – „Und Friede und Liebe soll darin wohnen", sagte die schöne Braut mit holdem Lächeln, „denn du bist mein Einziges und Alles, und ohne dich möchte ich lieber im Grab sein als an einem andern Ort." Als sie aber vor St. Luciä der Pfarrer zum zweiten Mal in der Kirche ausgerufen hatte: „So nun jemand Hindernis wüsste anzuzeigen, warum diese Personen nicht möchten ehrlich zusammenzukommen" – da meldete sich der Tod. Denn als der Jüngling den andern Morgen in seiner schwarzen Bergmannskleidung an ihrem Haus vorbeiging, der Bergmann hat sein Totenkleid immer an, da klopfte er zwar noch einmal an ihrem Fenster und sagte ihr guten Morgen, aber keinen guten Abend mehr. Er kam nimmer aus dem Bergwerk zurück, und sie saumte vergeblich selbigen Morgen ein schwarzes Halstuch mit rotem Band für ihn zum Hochzeitstag, sondern als er nimmer kam, legte sie es weg und weinte um ihn und vergaß ihn nie. Unterdessen wurde die Stadt Lissabon in Portugal durch ein Erdbeben zerstört, und der Siebenjährige Krieg ging vorüber, und Kaiser Franz der Erste starb, und der Jesuitenorden wurde aufgehoben und Polen geteilt, und die Kaiserin Maria Theresia starb, und der Struensee wurde hingerichtet, Amerika wurde frei, und die vereinigte französische und spanische Macht konnte Gibraltar nicht erobern. Die Türken schlossen den General Stein in der Veteraner Höhle in Ungarn ein, und der Kaiser Joseph starb auch. Der König Gustav von Schweden eroberte russisch Finnland, und die Französische Revolution und der lange Krieg fing an, und der Kaiser Leopold der Zweite ging auch ins Grab. Napoleon eroberte Preußen, und

[1] Sankt Luciä (13. Dezember), mit dem ehemals die heiligen zwölf Nächte begannen, die dunkelste Zeit des Jahres. Im Volksmund hieß es: „Lucia bringt die lange Nacht." Diese Zeitangabe ist also vom Dichter nicht willkürlich gewählt, sondern hat hier eine symbolische Bedeutung.

[2] Die zweite Zeitangabe, im Mittelstück der Anekdote („etwas vor oder nach Johannis"), steht in genauer Entsprechung zur ersten: Johannistag – der 24. Juni. Hier ist also die Zeit der langen Tage und der hellen Nächte rund um den 24. Juni gemeint.

die Engländer bombardierten Kopenhagen, und die Ackerleute säten und schnitten. Der Müller mahlte, und die Schmiede hämmerten, und die Bergleute gruben nach den Metalladern in ihrer unterirdischen Werkstatt. Als die Bergleute in Falun im Jahr 1809 etwas vor oder nach Johannis[2] zwischen zwei Schachten eine Öffnung durchgraben wollten, gut dreihundert Ellen tief unter dem Boden, gruben sie aus dem Schutt und Vitriolwasser den Leichnam eines Jünglings heraus, der ganz mit Eisenvitriol durchdrungen, sonst aber unverwest und unverändert war; also dass man seine Gesichtszüge und sein Alter noch völlig erkennen konnte, als wenn er erst vor einer Stunde gestorben oder ein wenig eingeschlafen wäre an der Arbeit. Als man ihn aber zu Tag ausgefördert hatte, Vater und Mutter, Gefreundte und Bekannte waren schon lange tot, kein Mensch wollte den schlafenden Jüngling kennen oder etwas von seinem Unglück wissen, bis die ehemalige Verlobte des Bergmanns kam, der eines Tages auf die Schicht gegangen war und nimmer zurückkehrte. Grau und zusammengeschrumpft kam sie an einer Krücke an den Platz und erkannte ihren Bräutigam; und mehr mit freudigem Entzücken als mit Schmerz sank sie auf die geliebte Leiche nieder, und erst als sie sich von einer langen heftigen Bewegung des Gemüts erholt hatte, „Es ist mein Verlobter", sagte sie endlich, „um den ich fünfzig Jahre lang getrauert hatte und den mich Gott noch einmal sehen lässt vor meinem Ende. Acht Tage vor der Hochzeit ist er unter die Erde gegangen und nimmer heraufgekommen." Da wurden die Gemüter aller Umstehenden von Wehmut und Tränen ergriffen, als sie sahen die ehemalige Braut jetzt in der Gestalt des hingewelkten kraftlosen Alters und den Bräutigam noch in seiner jugendlichen Schöne, und wie in ihrer Brust nach 50 Jahren die Flamme der jugendlichen Liebe noch einmal erwachte; aber er eröffnete den Mund nimmer zum Lächeln oder die Augen zum Wiedererkennen; und wie sie ihn endlich von den Bergleuten in ihr Stüblein tragen ließ, als die Einzige, die ihm angehöre und ein Recht an ihn habe, bis sein Grab gerüstet sei auf dem Kirchhof. Den andern Tag, als das Grab gerüstet war auf dem Kirchhof und ihn die Bergleute holten, schloss sie ein Kästlein auf, legte sie ihm das schwarzseidene Halstuch mit roten Streifen um und begleitete ihn alsdann in ihrem Sonntagsgewand, als wenn es ihr Hochzeitstag und nicht der Tag seiner Beerdigung wäre. Denn als man ihn auf dem Kirchhof ins Grab legte, sagte sie: „Schlafe nun wohl, noch einen Tag oder zehn im kühlen Hochzeitbett, und lass dir die Zeit nicht lange werden. Ich habe nur noch wenig zu tun und komme bald, und bald wird's wieder Tag. – Was die Erde einmal wiedergegeben hat, wird sie zum zweiten Mal auch nicht behalten", sagte sie, als sie fortging und noch einmal umschaute.

1 Eine außergewöhnliche Liebesgeschichte – was meinst du?
Schreibe spontan auf, welche Gedanken dir dazu durch den Kopf gehen.

2 Erkläre mit deinen Worten, weshalb die Verlobte beim Anblick ihres toten Bräutigams Freude statt Trauer empfindet.

3 Um die Zeitspanne zu veranschaulichen, die zwischen dem Tode des Jünglings und seiner Wiederauffindung vergangen ist, reiht Johann Peter Hebel die großen weltgeschichtlichen Ereignisse und Daten dieser 50 Jahre aneinander.

- Lies noch einmal in Zeile 14–25 nach, welche großen Ereignisse und Figuren von Hebel aufgeführt werden.
- Beschreibe, inwiefern sich in diesem „Katalog“ das unaufhaltsame Fließen der Zeit widerspiegelt.

4 Vermute einmal, warum Hebel die einfachen Tätigkeiten des menschlichen Alltags ans Ende seiner Liste stellt. Mach dir dazu klar, was **diese** Arbeiten von den Großereignissen des Weltgeschehens unterscheidet.

5 Interpretiere die Abschiedsworte der Frau an ihren toten Bräutigam. (Zeile 52–55).

6 Erläutere, inwiefern dem schwarz-roten Halstuch in dieser Geschichte eine symbolhafte Bedeutung zukommt.

Die sprachlichen Gestaltungsmittel einer Erzählung untersuchen

Die folgende Geschichte handelt von der Flucht einer kleinen Famile nach dem Zweiten Weltkrieg Ende der vierziger Jahre in Deutschland.

Auf der Flucht

Wolfdietrich Schnurre

Der Mann hatte einen Bart und war schon etwas älter; zu alt fast für die Frau. Und dann war auch noch das Kind da, ein ganz kleines. Das schrie dauernd, denn es hatte Hunger. Auch die Frau hatte Hunger. Aber sie war still, und wenn der Mann zu ihr hinsah, dann lächelte sie; oder versuchte es doch wenigstens. Der Mann hatte auch Hunger.

Sie wussten nicht, wohin sie wollten; sie wussten nur, sie konnten in ihrer Heimat nicht bleiben, sie war zerstört.

Sie liefen durch Wald, durch Kiefern. In denen knisterte es. Sonst war es still. Beeren und Pilze gab es nicht; die hatte die Sonne verbrannt.

Über Schneisen flackerte Hitze. Das bisschen Wind wehte nur oben. Es war für den Bussard gut; Reh und Hase lagen hechelnd im Farn.

„Kannst du noch?", fragte der Mann.

Die Frau blieb stehen. „Nein", sagte sie.

Sie setzten sich. Die Kiefern waren mit langsam wandernden Raupen bedeckt. Blieb der Wind weg, hörte man sie die Nadeln raspeln. Das knisterte so; und es rieselte auch: Nadelstücke und Kot, wie Regen.

„Nonnen", sagte der Mann; „sie fressen den Wald auf."

„Wo sind die Vögel?" fragte die Frau.

„Ich weiß nicht", sagte der Mann; „Ich glaube, es gibt keine Vögel mehr."

Die Frau legte das Kind an die Brust. Doch die Brust war leer. Da schrie das Kind wieder.

Der Mann schluckte. Als das Kind anfing, heiser zu werden, stand er auf.

Er sagte: „Es geht so nicht länger."

„Nein", sagte die Frau. Sie versuchte zu lächeln, es gelang ihr nicht.

„Ich hol was zu essen", sagte der Mann.

„Woher?", fragte sie.

„Lass mich nur machen", sagte er.

Dann ging er.

Er ging durch den sterbenden Wald. Er schnitt Zeichen in die Bäume.

Er kam an eine Sandrinne. Die war ein Bach gewesen. Er lief über einen schwarz staubenden Platz. Der war eine Wiese gewesen.

Er lief zwei Stunden. Dann fing die Sandheide an. Auf einem Stein lag eine Kreuzotter; sie war verdorrt. Das Heidekraut staubte.

Später kam er an einen unbestellten Acker. Darauf auch in ein Dorf; das war tot.

Der Mann setzte sich auf eine Wagendeichsel. Er schlief ein. Im Schlaf fiel er herunter. Als er aufwachte, hatte er Durst; sein Gaumen brannte.

Er stand auf, taumelte in ein Haus. In dem Haus war es kahl. Die Schublade war aus dem Tisch gerissen und lag auf der Erde. Die Töpfe waren zerschlagen; auch die Fenster. Auf der Ofenbank lag ein Tuch. In das Tuch war ein halbes Brot eingebunden; es war hart.

Der Mann nahm es und ging. In den anderen Häusern fand er nichts; auch kein Wasser.

In den Brunnen lag Aas.

Von dem Brot wagte er nichts abzubrechen. Er wollte es der Frau aufheben.

[1] Nonnen, die: Schmetterlinge (Nachtfalter); das Gelege wird in kleinen Päckchen unter Rinden oder an glatten Baumstämmen unter Flechten abgelegt. Die Raupen ernähren sich bevorzugt von Fichten und Kiefern. Eine Raupe frisst ca. 200 Kiefern- bzw. 1 000 Fichtennadeln und beschädigt beim Abbeißen noch einmal so viele.

Feldfrüchte fand er nicht. Auch Tiere gab es nicht mehr; nur tote Katzen, einige Hühner. Sie westen.

Ein Gewitter hing in der Luft.

Auf dem Feld zertrat der Mann eine Eidechse.

Sie zerfiel in Staub.

Es donnerte. Vor dem Wald standen Glutwände.

Er ging vornübergebeugt. Das Brot trug er unter dem Arm. Schweiß troff ihm in den Bart. Seine Fußsohlen brannten.

Er lief schneller. Er kniff die Augen zusammen. Er sah in den Himmel.

Der Himmel war schweflig; es blitzte. Nachtwolken kamen.

Die Sonne verschwand.

Der Mann lief schneller. Er hatte das Brot in den Hemdausschnitt geschoben, er presste den Ellbogen dagegen.

Wind kam, Tropfen fielen. Sie knallten wie Erbsen auf den dörrenden Boden.

Der Mann rannte.

Das Brot, dachte er, das Brot. Aber der Regen war schneller. Weit vor dem Wald holte er den Mann ein.

Blitze zerrissen den Himmel. Es goss.

Der Mann drückte die Arme gegen das Brot. Es klebte. Der Mann fluchte.

Doch der Regen nahm zu. Der Wald vorn und das Dorf hinten waren wie weggewischt. Dunstfahnen flappten über die Heide. In den Sand gruben sich Bäche.

Der Mann blieb stehen; er keuchte. Er stand vornübergebeugt. Das Brot hing ihm im Hemd. Er wagte nicht, es anzufassen. Es war weich; es trieb auf; es blätterte ab.

Er dachte an die Frau, an das Kind. Er knirschte mit den Zähnen. Er verkrampfte die Hände. Die Oberarme presste er eng an den Leib. So glaubte er, es besser schützen zu können.

Ich muss mich mehr über es beugen, dachte er; ich muss ihm ein Dach machen mit meiner Brust. Er darf's mir nicht schlucken, der Regen; er darf nicht. Er kniete sich hin. Er neigte sich über die Knie. Der Regen rauschte; nicht zehn Schritte weit konnte man sehen.

Der Mann legte die Hände auf den Rücken. Dann beugte er die Stirn in den Sand. Er sah sich in den Halsausschnitt. Er sah das Brot. Es war fleckig; es bröckelte; es sah aus wie ein Schwamm.

Ich werde warten, dachte der Mann.

So werde ich warten, bis es vorbei ist.

Er wusste: er log; keine fünf Minuten hielt das Brot mehr zusammen. Dann würde es sich auflösen, würde wegfließen; vor seinen Augen.

Er sah, wie ihm der Regen um die Rippen herumfloss. Auch unter den Achseln schossen zwei Bäche hervor. Alles spülte über das Brot hin, sickerte in es ein, nagte an ihm. Was abtropfte, war trüb und Krümel schwammen darin. Eben noch war es geschwollen, das Brot, jetzt nahm es ab; Stück um Stück, und zerrann.

Da begriff er: Frau hin, Frau her, er hatte die Wahl jetzt: entweder es sich auflösen zu lassen oder es selbst zu essen.

Er dachte: „Wenn ich es jetzt nicht esse, geht es kaputt, ich bleibe schlapp, und wir gehen alle drei vor die Hunde. Ess ich es aber, bin wenigstens ich wieder bei Kräften."

Er sage es laut, er musste es laut sagen; wegen der andern Stimme in ihm, wegen der leisen.

Er sah nicht in den Himmel, der im Westen aufhellte. Er gab nicht Acht auf den Regen, der nachließ. Er sah auf das Brot.

Hunger, dachte es in ihm, Hunger. Und: Brot, dachte es, Brot.

Da tat er's.

Er ergriff es mit beiden Händen. Er drückte es zu einer Kugel zusammen. Er presste das Wasser heraus. Er biss hinein; er schlang; er schluckte: Kniend, würgend; ein Tier. So aß er es auf.

Seine Finger krallten sich in die Heide, in den nassen Sand. Die Augen hielt er geschlossen. Dann fiel er um. Seine Schultern zuckten.

Als er auftaumelte, knirschte ihm Sand zwischen den Zähnen.

Er fuhr sich über die Augen. Er blinzelte. Er starrte in den Himmel.

Sonne brach durch das Grau. Die Regenfahnen hatten sich in Dunst aufgelöst. Ein paar Tropfen noch, dann war er vorüber, der Guss. Helles Blau; die Nässe verdampfte.

Der Mann stolperte weiter. Die Handgelenke schlenkerten ihm gegen die Hüften. Das Kinn lag auf der Brust.

Am Waldrand lehnte er sich gegen eine Kiefer. Von weit her war der Regenruf des Buchfinken zu hören; auch ein Kuckuck schrie kurz.

Der Mann suchte die Zeichen an den Bäumen; er tastete sich zurück. Im Farn und im Blaubeerkraut gleißten die Tropfen. Die Luft war dick vor Schwüle und Dampf.

Den Nonnen war das Gewitter gut bekommen; sie wanderten schneller die Stämme hinauf.

Der Mann machte oft Halt. Er fühlte sich schwächer als auf dem Herweg.

Sein Herz, seine Lunge bedrängten ihn. Und die Stimmen; die vor allem.

Er lief noch einmal drei Stunden: die Rastpausen eingerechnet.

Dann sah er sie sitzen; sie hatte den Oberkörper an eine Kiefer gelehnt, das Kind lag ihr im Schoß.

Er ging auf sie zu.

Sie lächelte. „Schön, dass du da bist."
„Ich habe nichts gefunden", sagte der Mann.
Er setzte sich.
„Das macht nichts", sagte die Frau. Sie wandte sich ab.
Wie grau sie aussieht, dachte der Mann.
„Du siehst elend aus", sagte die Frau. „Versuch, ein bisschen zu schlafen."
Er streckte sich aus. „Was ist mit dem Kind, warum ist es so still?"
„Es ist müde", sagte die Frau.
Der Atem des Mannes fing an, regelmäßig zu gehen.
„Schläfst du?", fragte die Frau.
Der Mann schwieg.
Nur die Nonnen raspelten jetzt.
Als er aufwachte, hatte die Frau sich auch hingelegt; sie sah in den Himmel.
Das Kind lag neben ihr, sie hatte es in ihre Bluse gewickelt.
„Was ist?", fragte der Mann.
Die Frau rührte sich nicht. „Es ist tot", sagte sie.
Der Mann fuhr auf. „Tot?", sagte er; „tot –?!"
„Es ist gestorben, während du schliefst", sage die Frau.
„Warum hast du mich nicht geweckt?"
„Warum sollte ich dich wecken?", fragte die Frau.

Über die folgenden Aufgaben und eure Gedanken, Fragen, Lösungen, Antworten könnt ihr euch gut auch zu zweit oder in kleinen Gruppen austauschen.

1 Das Ende dieser Geschichte ist von großer Hoffnunglosigkeit geprägt.
Welche Gedanken, Fragen oder Gefühle bewegen dich im Moment mit dem Blick auf das Paar?

____

____

____

2 Als die Frau dem Baby keine Milch mehr geben kann, macht sich der Mann als Familienoberhaupt auf den Weg, um Nahrung für die kleine Familie herbeizuschaffen.
Doch von Anfang an ist dieser Weg gekennzeichnet von den zerstörerischen Auswirkungen des Krieges auf die Natur, auf Tiere und auf den Lebensraum der Menschen.
Schau dir einmal an, wie der Autor diese Zerstörung sprachlich zum Ausdruck bringt:

- Lies aufmerkam in den Zeilen 27–45 nach.
  Markiere beim Lesen Wörter und Textstellen, in denen von sterbender Natur, toten Tieren, zerstörten Häusern, brachliegenden Äckern und unfruchtbarem Land die Rede ist.
- Auch die Natur zeigt sich von ihrer bedrohlichen Seite:
  Untersuche die Zeilen 43–61 und markiere **Adjektive**, **Nomen** und **Verben**, die die nahende Bedrohung durch Naturgewalten ankündigen.

3 Ein halbes hartes Brot ist das einzige Lebensmittel, das der Mann gefunden hat.
Mache deutlich, wie er versucht, das kostbare Lebensmittel mit aller Kraft vor den Regenfluten zu schützen.
Folge dazu seiner **Art der Fortbewegung** und seinen **Gesten** (Zeile 38–70) und notiere sie.

____

____

____

4 Ab Zeile 74–90 bahnt sich ein tragischer innerer Konflikt an.
- Lies diese Passage noch einmal aufmerksam.
- Beschreibe anschließend sowohl die physische Notlage des Mannes als auch seine innere Zerrissenheit, in der er sich befindet.
- Zitiere die laut ausgesprochene Gedankenrede des Mannes hier wörtlich.
- Gehe auch auf die inneren Stimmen ein, die den Mann bedrängen. Vermute, was sie ihm sagen könnten.

5 Die Zeilen 90–94 stellen den Höhepunkt der Handlung dar – und die unumkehrbare Entscheidung des Mannes in einem (seinem!) existenziellen Überlebenskampf.
Auch dieser Moment wird auf besondere Weise durch die sprachliche Gestaltung zum Ausdruck gebracht.
Arbeitet zu zweit oder in kleinen Gruppen und versucht, euch in die Lage des Mannes hineinzuversetzen.
Lest euch die Zeilen 90–94 mehrmals laut vor. Achtet dabei auf:
- die **Wiederholungen** bestimmter Wörter,
- den **gleichformigen Satzbau**,
- die **Kürze** der Sätze und den damit verbundenen Eindruck von „Kurzatmigkeit",
- die **Aneinanderreihung** gleichberechtigter Hauptsätze und die damit verbundene Wirkung von „Gehetzt-Sein",
- den **wertenden Schluss**.

6 Als der Mann wieder bei seiner Familie ankommt, sind seine Frau und sein Kind in einer elenden körperlichen Verfassung. Das Kind stirbt kurze Zeit später.
Die Geschichte endet mit einer Frage der Frau, die jegliche Hoffnung auf eine wie auch immer geartete Zukunft zunichte macht.
Schreibe deine Gedanken dazu auf und tausche dich mit anderen darüber aus.

Multiple-Choice – für Einstellungstests üben

Die folgenden Aufgaben zum Bereich deutsche Sprache sind im **Multipel-Choice-Format** verfasst und werden so ähnlich in Einstellungstests eingesetzt. Bei Multiple-Choice-Aufgaben brauchst du „nur" etwas anzukreuzen. Du musst also nichts beschreiben, erklären oder begründen. Das klingt einerseits einfach. Andererseits ist jedoch Vorsicht angebracht, denn man will es nicht dir besonders einfach machen, sondern man verwendet das Format gern, weil es sich so einfach auswerten und vergleichen lässt. Sei also achtsam und denke nach, bevor du deine Kreuzchen setzt. Raten solltest du nur, wenn du eine starke Tendenz zu einer Antwortmöglichkeit hast. Sonst kreuze lieber gar nichts an, denn bei vielen falschen Kreuzen kann schnell der Verdacht des Ratens aufkommen. Im Übrigens erwartet kein vernünftiger Mensch, dass du ein Deutsch-Genie bist. Wichtig ist es vor allem, dass du konzentriert liest und die vorgegebene Lösungszeit effizient nutzt. Viel Erfolg!
Zur Bearbeitung der Aufgaben 1–5 solltest du nicht mehr als 20 Minuten verwenden.

Aufgabe 1

Finde die **Synonyme**; Ähnlichkeitswörter, wie z. B. *Haus – Gebäude*. Kreuze jeweils **ein** Synonym an.

1. verleiten
- ☐ A bewundern
- ☐ B ablenken
- ☐ C anstiften
- ☐ D annehmen
- ☐ E entführen

2. schroff
- ☐ A liebenswürdig
- ☐ B unfreundlich
- ☐ C schwierig
- ☐ D laut
- ☐ E unüberlegt

3. Vehikel
- ☐ A Insekt
- ☐ B Teilchen
- ☐ C Straße
- ☐ D Fahrzeug
- ☐ E Muster

Kreuze jeweils **zwei** Synonyme an.

4. Ehrfurcht
- ☐ A Hoffnung
- ☐ B Achtung
- ☐ C Ängstlichkeit
- ☐ D Besorgnis
- ☐ E Respekt

5. vergeuden
- ☐ A vergessen
- ☐ B erläutern
- ☐ C verschwenden
- ☐ D verprassen
- ☐ E verpassen

6. mysteriös
- ☐ A geheimnisvoll
- ☐ B irreführend
- ☐ C erklärlich
- ☐ D erfinderisch
- ☐ E rätselhaft

Aufgabe 2

Finde die **Antonyme**, Gegensatzwörter, wie z. B. *groß – klein*. Kreuze jeweils **ein** Antonym an.

1. dunkel
- ☐ A finster
- ☐ B weiß
- ☐ C hell
- ☐ D grau
- ☐ E bedeckt

2. abnehmen
- ☐ A abmagern
- ☐ B entnehmen
- ☐ C benehmen
- ☐ D anlegen
- ☐ E zunehmen

3. Freundschaft
- ☐ A Verwandtschaft
- ☐ B Bekanntschaft
- ☐ C Herrschaft
- ☐ D Feindschaft
- ☐ E Meisterschaft

Kreuze jeweils **zwei** Antonyme an.

4. süß
- ☐ A scharf
- ☐ B bitter
- ☐ C herzhaft
- ☐ D lecker
- ☐ E sauer

5. scheitern
- ☐ A glücken
- ☐ B missglücken
- ☐ C enttäuschen
- ☐ D gelingen
- ☐ E fehlschlagen

6. alle
- ☐ A keine
- ☐ B viele
- ☐ C niemand
- ☐ D manche
- ☐ E etliche

Aufgabe 3

- Die folgenden Wortpaare sollen sich in ähnlicher Weise zueinander verhalten, wie zum Beispiel **Mut – Angst** zu **Liebe – Hass**.
- Welches Wort fehlt noch? Kreuze das passende Wort an.

1. **singen – summen** zu **sprechen – ?**

☐ **A** antworten ☐ **B** flüstern ☐ **C** fragen ☐ D sagen ☐ E husten

2. **verzweifelt – gehofft** zu **geweint – ?**

☐ **A** gejammert ☐ **B** geheult ☐ **C** gesagt ☐ D gelacht ☐ E geklagt

3. **Butter – Brot** zu **Sahne – ?**

☐ **A** Erdbeere ☐ **B** Bäcker ☐ **C** Konditor ☐ D Mehl ☐ E Torte

4. **Kunde – Verkäufer** zu **Mandantin – ?**

☐ **A** Zahnärztin ☐ **B** Chefin ☐ **C** Friseurin ☐ D Anwältin ☐ E Lehrerin

5. **Bärin – Bärenklau** zu **Hahn – ?**

☐ **A** Pflanze ☐ **B** Tier ☐ **C** Fetthenne ☐ D Bartnelke ☐ E Hühnerdieb

Aufgabe 4

- Redensarten sind Alltagsmetaphern, also sprachliche Bilder mit einer übertragenen Bedeutung.
- Kreuze die jeweils passende Erklärung an.

1. **wie ein Elefant im Porzellanladen**

☐ **A** sich ungeschickt benehmen ☐ **B** sich mit einem Größeren anlegen

2. **mit jemandem ein Hühnchen rupfen**

☐ **A** eine Hühnersuppe vorbereiten ☐ **B** einen Streit austragen

3. **die Füße stillhalten**

☐ **A** nicht herumzappeln ☐ **B** etwas auf sich beruhen lassen

4. **auf dem Holzweg sein**

☐ **A** einem Irrtum unterliegen ☐ **B** sich im Wald verlaufen

5. **jemanden in Schach halten**

☐ **A** beim Schachspiel siegen ☐ **B** jemanden kontrollieren

Aufgabe 5

- Lies dir den folgenden Text zunächst einmal durch.
- Prüfe den Text dann zunächst auf eventuelle Rechtschreibfehler.
- Kreuze an, wie viele Rechtschreibfehler der Text enthält:

☐ **A** 0 Fehler ☐ **B** 1 Fehler ☐ **C** 2 Fehler ☐ **D** 3 Fehler ☐ **E** 4 Fehler ☐ **F** 5 Fehler

- Prüfe den Text nun Satz für Satz auf eventuelle Kommafehler.
- Kreuze an, wie viele Kommafehler der Text enthält:

☐ **A** 0 Fehler ☐ **B** 1 Fehler ☐ **C** 2 Fehler ☐ **D** 3 Fehler ☐ **E** 4 Fehler ☐ **F** 5 Fehler

Mit Pausen zum Erfolg

Morgen steht ein wichtiger Englisch-Test an, und du paukst Vokabeln ohne Unterlass bis das Gehirn qualmt. Besonders effizient ist dass aber nicht, wie aktuelle Forschungsergebnisse des US-amerikanischen *National Institutes of Health* zeigen, die das Fachmagazin *Cell Reports* im Juni 2021 veröffentlichte. Dem nach soll es wesentlich wirksamer sein, wenn du beim lernen darauf achtest Übungsphasen und Ruhephasen regelmäßig abzuwechseln. Denn der eigentliche Lernprozess im Gehirn, findet offenbar vor allem in den kurzen Pausen zwischendurch statt. Die Wissenschaftlerinnen und Wissentschaftler konnten nachweisen, dass wärend der Pausen im Gehirn die gleichen Aktivitätsmuster auftreten wie während der Übungen – in den Pausen allerdings dreimal häufiger und mit 20-facher Geschwindigkeit.

Training für die Abschlussprüfung I: Texte lesen – Aufgaben gezielt lösen

Das folgende Training für die Abschlussprüfung besteht aus zwei Teilen, die sich mit dem Oberthema „Bücher und Lesen" beschäftigen. In Teil I sollt ihr journalistische und literarische Texte lesen und verstehen – und dazu jeweils typische Aufgabenformate erarbeiten. In **Teil II** (Seite 72–74) sollt ihr einen zusammenhängenden Text schreiben – entweder über die journalistischen oder die literarischen Texte. Am Rand findet ihr Hinweise & Tipps, die euch – bei Bedarf – bei der Bearbeitung dieser Trainingsaufgaben unterstützen sollen.

Abschlusstraining: Teil I

Text 1 (Karikatur)

1 Beschreibe die Karikatur von Scharwel.

2 Wer oder was wird kritisiert?

Hinweise & Tipps

zu Text 1

Mach dir zu der Karikatur Notizen:

- Worum geht es?
- Was ist abgebildet: Situation/Ort, Figuren, Gegenstände?
- Was tragen die Texte bei?
- Wer oder was wird kritisiert?

zu Aufgabe 1

Du sollst die Karikatur „beschreiben", d. h. du gibst sachlich und geordnet wieder, was du auf der Karikatur siehst.

- Beschreibe die Situation, was die Figuren tun und sagen, welche Gegenstände dabei eine Rolle spielen.
- Formuliere in vollständigen Sätzen.

Auf der Karikatur sieht man eine Lehrer-Schüler-Situation. Vorn links steht … Die Schüler … Der Erste hält sich … und sagt, er wolle … Der Mittlere … Der Dritte …

zu Aufgabe 2

Äußere dich zur Intention (Absicht) des Zeichners.

Der Karikaturist kritisiert … Er macht sich lustig über …

Text 2 (Balkendiagramm)

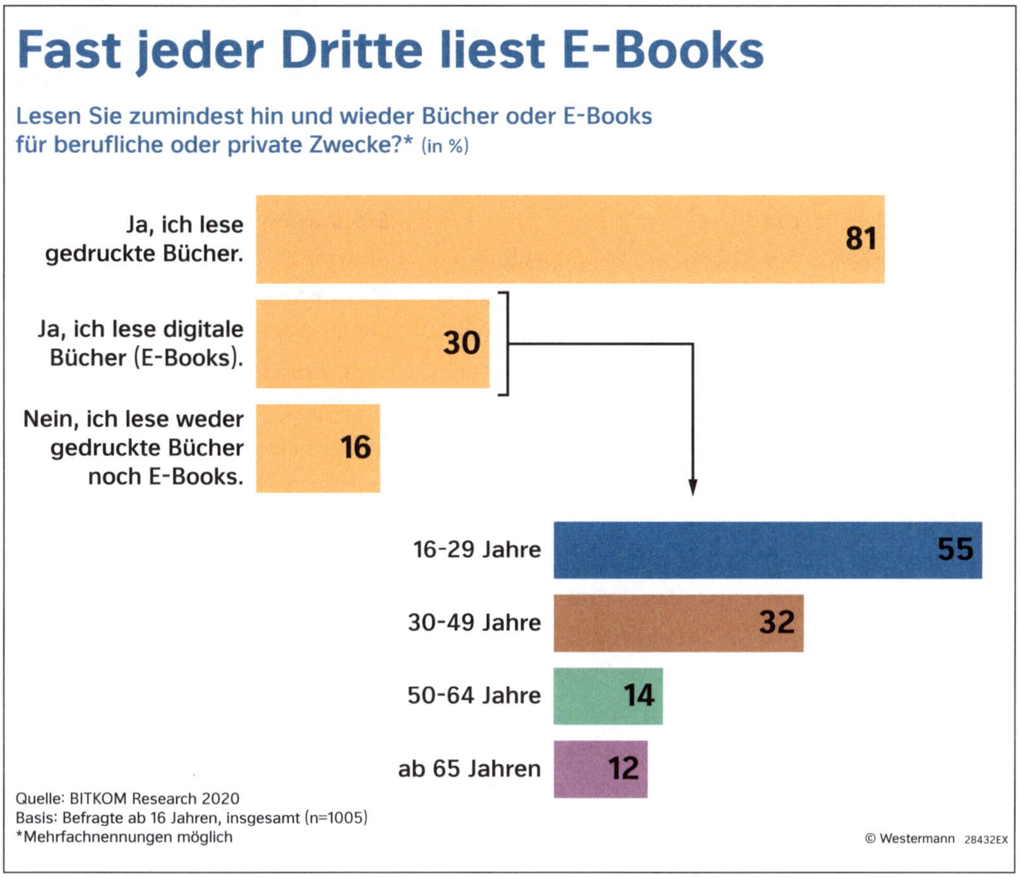

3 Werte das Balkendiagramm in Kernaussagen aus.

4 Wie schätzt du das Ergebnis zu den Befragten ein, die überhaupt keine Bücher lesen? Begründe deine Bewertung.

Hinweise & Tipps

zu Text 2

Lies dich in das Diagramm ein und mach dir Notizen dazu:

- Worum geht es?
- Wer hat die Umfrage durchgeführt – wann?
- Sind absolute oder Prozentzahlen dargestellt?
- Gab es die Möglichkeit zu Mehrfachantworten?

zu Aufgabe 3

Du sollst das Diagramm „auswerten", indem du „Kernaussagen" formulierst, d. h. du ermittelst wesentliche Ergebnisse der Umfrage und schreibst sie in kurzen Einzelsätzen auf.

– *Die große Mehrheit der Befragten (… %) liest …*
– *Etwa jeder …*
– *Weder gedruckte noch digitale Bücher …*
– *Die meisten E-Book-Leserinnen und -Leser sind …*
– *Mit zunehmendem Alter nimmt der Anteil …*

zu Aufgabe 4

Hier ist deine Meinung samt Begründung gefragt.

Ich finde das Ergebnis zu …, weil … überraschend, unerwartet, erwartbar, vorhersehbar, bedenklich, unbedenklich…, denn …
Mich hat das Ergebnis … sehr/etwas/kaum/überhaupt nicht …, weil …

Text 3 (Pressemeldung)

„E-Books haben neue Fans gewonnen" (Text verändert)

Berlin, 13. Oktober 2020 – Nach jahrelanger Stagnation sind E-Books im Pandemiejahr 2020 beliebter geworden. „In der Corona-Krise haben E-Books neue Fans gewonnen", sagt Dr. Bernhard Rohleder, Hauptgeschäftsführer des Digitalverbands Bitkom. „Wenn gewohnte Freizeitaktivitäten wegfallen, bleibt mehr Zeit zum Lesen – und Ausprobieren. Aber das gedruckte Buch lässt sich vom E-Book nicht verdrängen."

Beliebtestes Ausgabegerät für E-Books ist der E-Reader. Diese speziellen Lesegeräte sind besonders augenfreundlich und haben eine lange Akkulaufzeit. Ähnlich beliebt wie der E-Reader ist das stets verfügbare Smartphone, gefolgt vom Tablet-Computer, Laptop und stationärem Computer. Viele User / Userinnen lesen E-Books auf mehreren Geräten, weil sich der aktuelle Lesestand synchronisieren lässt. So kann man zum Beispiel auf der Fahrt zur Arbeit auf dem Smartphone genau dort weiterlesen, wo man am Abend zuvor auf einem anderen Gerät aufgehört hat.

Ein E-Book bietet viele Vorteile: einstellbare Schriftgrößen, integrierte Wörterbücher, die Suchfunktion für markierte Textstellen – und nicht zuletzt ein geringer Ressourcenverbrauch. Der größte Vorteil von E-Books ist für die meisten User und Userinnen aber, dass sie neuen Lesestoff schnell beziehen können und ihnen die digitalen Bücher jederzeit und überall zur Verfügung stehen. An Gewicht und Platz zu sparen, sind weitere Gründe für E-Books. Geschätzt werden auch Funktionen wie Übersetzen, Notizenmachen oder Markieren sowie die große Anzahl an kostenlosen E-Books.

5 Markiere im letzten Absatz die Vorteile von E-Books farbig.

6 Welche der folgenden Aussagen lassen sich aus der Pressemeldung entnehmen?

Kreuze an:	ja	nein
a) 2020 haben E-Books neue Fans gewonnen.		
b) E-Book-Reader sind besonders augenfreundlich.		
c) Besonders junge Leute lesen E-Books auf dem Tablet.		
d) User können ihren Lesestand auf mehreren Geräten synchronisieren.		
e) E-Books sind beliebter als Bücher aus Papier.		
f) E-Reader und Smartphone sind die meistgenutzten Lesegeräte für E-Books.		

Hinweise & Tipps

zu Text 3

- Kläre bei Bedarf Fach- und Fremdwörter.
- Wer wird zitiert? Unterstreiche Zitate, Namen und Funktion

Stagnation: Stillstand
stationär: an einen festen Standort gebunden, nicht mobil
synchronisieren: etwas in zeitliche Übereinstimmung bringen
integriert: eingebunden
Ressource: natürlicher Bestand an Rohstoffen, z. B.: Holz, Mineralien, Erdöl …

zu Aufgabe 5
Achte beim Markieren darauf, nur wichtige Wörter hervorzuheben.

zu Aufgabe 6
Vergleiche die Aussagen mit der Pressemeldung und kreuze an.

Lösungen zum Arbeitsheft „Praxis Sprache 10 Differenzierende Ausgabe“

Das Hörverstehen trainieren, Seite 4–6

Aufgabe a (mögliche Lösung)**:**
In dem Audiobeitrag geht es um das Überwintern von verschiedenen Schmetterlingen und welche Strategien dabei zum Einsatz kommen. Vor allem wird darauf eingegangen, welche Schmetterlinge schon früh im Jahr aktiv sind, wie z. B. der Zitronenfalter.

Aufgabe b (mögliche Lösung)**:**
Bei der Winterstarre werden die Körperfunktionen auf ein Minimum heruntergefahren. Die Schmetterlinge suchen sich einen geschützten Ort, an dem es nicht zu kalt wird. Nur der Zitronenfalter überwintert im Freien.

Aufgabe c:
Diese Aussagen treffen zu: 1, 2, 6

Aufgabe d (mögliche Lösung)**:**
Überwinterung im Norden statt im Süden – wegen des Klimawandels vermutlich
Vorteile: früher im Jahr unterwegs
(mögliche Schlussfolgerung: langer Rückflug entfällt, spart Kraft, bessere Überlebenschancen)

Aufgabe e (Lösungsbeispiel)**:**
1. Zitronenfalter
2. Tagpfauenauge
3. Großer Fuchs
4. Admiral

Früh unterwegs sind auch: Taubenschwänzchen, Heidelbeer-Wintereule, Jungfernkind

Aufgabe f:
1) Ein Schmetterling durchlebt vier Entwicklungsstadien, und zwar Ei, Raupe, Puppe und Falter.
2) Je nach Art überwintern Schmetterlinge in verschiedenen Entwicklungsstadien.
3) Als Erste im Frühjahr können die Schmetterlingsarten starten, die voll entwickelt als Falter überwintern.

Sich bewerben: Die Bewerbungsmappe, Seite 7–8

Aufgabe 1:
- Fakultative Bestandteile (Markierungen):
  Deckblatt – Motivationsseite – Bewerbungsfoto – (auch „weitere“ Bescheinigungen)
- (mögliche) positive Effekte: größeres Interesse erregen, persönliche Note, Betonung der Eigenmotivation, der individuellen Fähigkeiten und Kenntnisse, Chancen auf den Zuschlag verbessern

Aufgabe 2 (Lösungsbeispiel)**:**
mögliche Beispiele:
Praktikumszeugnisse und -bescheinigungen;
Referenzen (Empfehlungsschreiben), Zertifikate (z. B. Fremdsprachen- oder Computerkenntnisse);
Teilnahmebescheinigungen, z. B. im ehrenamtlichen Bereich, Volkshochschule …

Aufgabe 3:
Prinzip c: Denn durch das Prinzip „Das Wichtigste zuerst“ werden diese Unterlagen von den Personalverantwortlichen zuerst wahrgenommen.

Aufgabe 4 (mögliche Lösungen)**:**
<u>Deckblatt A:</u> inhaltliche Bestandteile: Kontaktdaten, Bewerbung um …, Foto
Gestaltungselemente: horizontale Linie, Name in Großbuchstaben, eine Schrifttype, zwei Schriftgrößen, zentrierter Text
Wirkung: Blickfang ist das Foto in zentraler Position, erweckt Sympathie
<u>Deckblatt B:</u> inhaltliche Bestandteile: Kontaktdaten, Bewerbung um …, Anlagen
Gestaltungselemente: vertikale Linie, zwei Spalten, eine Schrifttype, verschiedene Schriftgrößen, teilweise fett, Aufzählungszeichen
Wirkung: insgesamt ruhig und sachlich, die vertikale Seiteneinteilung wirkt interessant

Aufgabe 5 (Lösungsbeispiele)**:**
- Ich bevorzuge Deckblatt A, weil mir eine persönliche Note wichtig ist. Ich finde, mit einem freundlichen Lächeln kann man Sympathien gewinnen.
- Ich bevorzuge Deckblatt B, weil mir die ruhige, sachliche Wirkung gut gefällt. Ich denke, dass diese Wirkung gut zu mir passen würde. Für ein Foto ist dann auf dem Lebenslauf immer noch Platz.

© Westermann Gruppe

Sich bewerben: Die Motivationsseite, Seite 9–10

Aufgabe 1 (Lösungsbeispiele)**:**
Was aus Sicht von Personalverantwortlichen möglicherweise für den Bewerber / die Bewerberin spricht:
- ist vom Ausbildungsbetrieb überzeugt (schulische Betriebserkundung)
- kennt das Berufsfeld aus verschiedenen Praktika, hat berufsbezogene Vorerfahrungen
- die schulischen Neigungsfächer korrespondieren mit bestimmten Bereichen des
- Ausbildungsberufes, das lässt Rückschlüsse auf eine beständige Motivation zu
- Hard Skills: handwerkliches Geschick
- Soft Skills: Kreativität, Teamfähigkeit
- soziales Engagement: ehrenamtliche Tätigkeit beim örtlichen Karnevalsverein, das lässt auch
- Rückschlüsse auf eine gewisse Bodenständigkeit zu.

Aufgabe 2 (Lösungsbeispiele)**:**
Der Bewerber argumentiert mit …
- Kenntnissen der Anforderungen und Tätigkeiten des Berufes aus mehreren Praktika.
- für den Beruf wichtigen Hard- und Soft Skills, Erfahrungen aus einem ehrenamtlichen Engagement.

Aufgabe 3:
… hat mich überzeugt, dass ich meine Ausbildung in Ihrem Betrieb machen möchte.
Ich kenne … Meine Lieblingsfächer … Ich verfüge über … und arbeite gern …
Gerne möchte ich … Ich freue mich darauf.

Aufgabe 4:
eine Überschrift auswählen oder eine eigene Überschrift formulieren

Aufgabe 5:
Linksbündigkeit, Auflistung mit herausgestellten Aufzählungszeichen, Absätze/Leerzeilen, Ort, Datum, Unterschrift in blau

Erörtern I: Informationen entnehmen, Argumente gewinnen, Seite 11–15

Aufgabe 1:
Laut einer Studie (YouGov 2019) kennen 36 Prozent der Deutschen den Begriff der „Sharing Economy“. So wird die Wirtschaftsform des Teilens und Tauschens bezeichnet, die nicht auf das Besitzen von Dingen zielt, sondern aufs Nutzen. „Der Lebensraum in unseren Städten wird enger. Ressourcen werden knapper und Nachhaltigkeit wird wichtiger denn je. Mehr als die Hälfte der Weltbevölkerung hat inzwischen Zugang zum Internet und die Technologie ist in ständigem Wandel. Vor diesem Hintergrund boomt die Sharing Economy.“

Aufgabe 3:
a) 2047 Befragte insgesamt
b) 19 % Sharing-Nutzer/Nutzerinnen
c) Mobilität (67 %), Reisen & Touristik (61 %)
d) 18–29-Jährige (34 %) und 30–44-Jährige (33 %)

Aufgabe 4 (mögliche Lösung)**:**
- Dafür spricht, dass eine Mehrheit von 72 Prozent schon einmal ein Sharing Angebot (19 %) genutzt hat oder es vorhat (53 %). Außerdem ist bei den Sharing-Nutzern und Nutzerinnen der Anteil der jüngeren Altersgruppen doppelt so groß wie bei den älteren Altersgruppen.
- Dagegen spricht, dass eine große Mehrheit tatsächlich noch nie ein Sharing-Angebot genutzt hat, nämlich 81 % aller Befragten.

Aufgabe 5 (Lösungsbeispiele)**:**
- Ich finde die Idee grundsätzlich gut …
  aus Umwelt und Klimaschutzgründen, wegen der Vorteile bei der eigenen Lebensführung
- Ich stehe der Idee grundsätzlich skeptisch gegenüber … wegen möglicher Probleme oder Gefahren, weil Menschen Dinge besitzen möchten

© Westermann Gruppe

Aufgabe 7 (Lösungsbeispiel)**: Share Economy: „Teilen und Tauschen statt Kaufen"**

Pro-Argumente	**Beispiele / Erläuterungen / Zitate**
Der Geldbeutel wird geschont, weil man Dinge, die man nur selten braucht oder die man ausprobieren möchte, gegen eine geringe Gebühr ausleihen kann, statt sie zu kaufen.	Beispiel: Maja, Bibliothek der Dinge, Wohnungstausch statt teurer Hotels
Man hat weniger ungenutzte Dinge, die unnötigerweise Platz in der Wohnung beanspruchen	überquellende Schränke, vollgestopfte Keller, Dachböden Beispiel: Roberto (Mountain-Bike)
Teilen und Tauschen ist nachhaltig und wichtiger denn je. Die Menschheit verbraucht derzeit viel zu viele Ressourcen, um ihre wachsenden Bedürfnisse zu stillen.	„Laut der Organisation Global Footprint Network bräuchte die Menschheit im Jahre 2030 drei Erden, um sich mit allem Notwendigen einzudecken." (Michael, Text 4, Zeile 16–18) Ressourcen schonen, Energie sparen, Schadstoffe vermeiden, da weniger Güter produziert und transportiert werden müssen, können Dinge effizienter genutzt werden: Autos, Lebensmittel, Kleidung, technische Geräte …
Sharing hat nicht nur eine wirtschaftliche Seite, sondern auch eine soziale. Das gilt vor allem für nicht profit-orientierte Sharing-Angebote, die auf privatem oder ehrenamtlichem Engagement beruhen.	Hilfsbereitschaft zeigen, ehrenamtliche Arbeit, ein gemeinsames Ziel verbinden neue Freundschaften gewinnen, Spaß haben Beispiel: Leihläden, Nachbarschafts-Apps „Neben den ökologischen Gründen gibt es aber auch soziale Gründe." (Monika Weiß, Text 3, Zeile 19–20)
Mit Sharing kann jeder und jede Einzelne der Wegwerfgesellschaft etwas entgegensetzen und der Verschwendung Einhalt gebieten.	Beispiel: Kleidung, die ungetragen im Kleiderschrank herumhängt Billig T-Shirts, die nach einmaligem Tragen im Müll landen

Contra-Argumente	**Beispiele / Erläuterungen / Zitate**
Manche Dinge möchte man nicht tauschen oder teilen, weil sie zu privat sind. Viele Menschen haben den Wunsch, etwas besitzen zu wollen. Es fällt ihnen schwer, ihren Besitz mit anderen zu teilen – oder sie lehnen es ab.	Smartphone, die Wohnung, das eigene Zimmer, persönliche Lieblingssachen „Teilen ist erst mal Trouble und Schmerz." (Michael, Text 4, 2–3) Beispiel: Teilen, ein häufiger Streitpunkt unter Geschwistern, kann zu Verlustängsten führen, zu Gefühlen von Ungerechtigkeit und Benachteiligung
Das Teilen von Dingen mit anderen Internet-Usern kann riskant sein, denn man kennt sich nicht persönlich.	Beispiel: Mein Bruder hat einen funktionierenden Bluetooth-Lautsprecher gegen ein defektes Headset-Mikrofon eingetauscht.
Sharing-Angebote können sich nachteilig auswirken, ein eigentlich positiv gedachter Effekt kehrt sich ins Gegenteil um (Rebound-Effekt/Bumerang-Effekt).	Durch Share Economy kann der Ressourcenverbrauch steigen, statt zu sinken. Beispiel: Carsharing – Mehr Menschen fahren allein in einem Pkw statt mit dem öffentlichen Nahverkehr.
Viele Sharing-Angebote funktionieren nur in Großstädten gut, aber nicht in dünn besiedelten Gebieten.	Wo nur relativ wenige Leute leben und die Wege oft weit sind, gibt es zu wenige potenzielle „Kunden/Kundinnen". Carsharing, Bike- oder E-Roller-Sharing

© Westermann Gruppe

Erörtern II: Eine lineare Erörterung erarbeiten, Seite 16–18

Aufgabe 1 (Lösungsbeispiel)**:**
Numerische Gliederung für eine lineare Erörterung

Thema: Share Economy: Warum Tauschen und Teilen so wichtig ist

1 Einleitung
vollgestopfte Kellerregale – Wohin mit all den nicht mehr benötigten Sachen?
Share Economy als mögliche Alternative zu Tonne oder Container?

2 Definition
Share Economy: Wirtschaft des Tauschens, Teilens und Nutzens, Ressourcen knapper, Nachhaltigkeit wichtiger, mehr Menschen mit Internetzugang, Boom der Sharing Economy, (Zitat und Umfrageergebnisse: YouGov-Studie 2019, Text 1 und 2)

3 Hauptteil
3.1 These: Tauschen und Teilen ist wichtig.
3.1.1 Man kann man viel Geld sparen: Leihläden, „Bibliothek der Dinge", Sachen ausleihen, nutzen und ausprobieren, Slackline, Dino-Backform
3.1.2 Freien Platz in Wohnung, Keller, Dachboden gewinnen: (Zitat: Roberto, Text 5)
3.1.3 Soziales Miteinander stärken: Spenden- und Hilfsbereitschaft, durch privates oder ehrenamtliches Engagement viele Kontakte, neue Freundschaften
3.1.4 Der „Wegwerfgesellschaft" etwas entgegensetzen: Beispiel: Verschwendung von Kleidung
3.1.5 Die Share Economy ist nachhaltig: Zitat „Global Footprint Network" (Zitat: Michael, Text 4) wichtiger Beitrag zum Klima- und Umweltschutz: Ressourcen schonen, Energie sparen, Schadstoffe und Müll reduzieren

4 Schluss/Konklusion
Fazit: Share Economy, wichtiger Beitrag beim Natur- und Umweltschutz, Voraussetzung, Wirtschaft zieht mit, Menschen machen mit, Vorbildrolle der Erwachsenen, für Jugendliche steht viel auf dem Spiel, Erfolg der Share Economy „hängt am Ende von uns allen ab" (Zitat: Michael, Text 4, Zeile 57–59)

Aufgabe 2 (Lösungsbeispiel für eine lineare Erörterung)**:**

Share Economy: Warum Tauschen und Teilen so wichtig ist

(Einleitung) Mamas Setzkasten, meine alte Spielekonsole, Vasen, Töpfe, DVDs, CDs, eine Popcorn-Maschine – ein Blick in das vollgestopftes Kellerregal zeigt mir die wachsende Sammlung von ungenutzten Dingen, an denen wir längst das Interesse verloren haben. Aber wohin damit? In die Tonne oder den Container? Wäre es nicht eine bessere Idee, wenn all diese Sachen noch weiter genutzt werden würden?

(Definition) Sharing Economy, so nennt man die Wirtschaftsform des Tauschens und Teilens, die nicht auf Besitz, sondern auf das Nutzen und Teilen von Dingen ausgerichtet ist. „Der Lebensraum in unseren Städten wird enger. Die Ressourcen werden knapper und Nachhaltigkeit wird wichtiger denn je." (YouGov 2019, Text 1, Zeile 4–5). Immer mehr Menschen verfügen über einen Internetzugang, eine wichtige Voraussetzung für den Erfolg der Share Economy. Laut einer repräsentativen Studie (YouGov 2019, Text 2) waren 72 Prozent der Befragten an Sharing-Angeboten interessiert: 19 Prozent hatten 2019 schon einmal ein solches Angebot genutzt und 53 Prozent hatten es vor. Die Ergebnisse zeigen, dass es vor allem junge Menschen sind, die Sharing-Angebote nutzen. Wie wichtig ist die Sharing Economy derzeit? Werden wir in Zukunft immer mehr Dinge teilen und nutzen, statt sie zu erwerben, um sie zu besitzen?

(Hauptteil) Viele gute Gründe sprechen dafür, dass die Sharing Economy und damit das Tauschen heute und in Zukunft für uns wichtig ist. Ein sehr gutes Argument ist sicherlich, dass man **Geld spart**, wenn man Dinge, die man nur selten braucht, ausleiht. Das kann man beispielsweise gegen eine geringe Gebühr in sogenannten Leihläden tun. Auch viele öffentliche Büchereien haben diese Idee aufgegriffen. Sie bieten in ihren Räumen neben Büchern und anderen Medien eine „Bibliothek der Dinge" an. Dort kann man Sachen ausleihen, die man einmal ausprobieren möchte, wie z. B. eine Slackline, oder die man nicht extra kaufen möchte, wie z. B. eine Dino-Backform für einen besonderen Kuchen.

Ein weiteres, nicht zu unterschätzendes Argument ist, dass man durch Sharing-Angebote mehr freien Platz in Wohnung, Keller oder auf dem Dachboden gewinnt. „Wir haben sowieso alle viel zu viel Zeug. Da ist es doch prima, dass man sich etwas ausleihen kann, z. B. ein Mountainbike am Wochenende, und anschließend gibt man es wieder zurück. Man hat Spaß gehabt, es hat nur

© Westermann Gruppe

wenig gekostet, und das Bike steht nicht im Keller rum." (Roberto, Text 5)

Darüber hinaus fördert der Sharing-Gedanke auch das soziale Miteinander. Da ist zum einen die Spendenbereitschaft zu nennen, dass man sich von Dingen trennt und sie anderen zur Verfügung stellt. So stammen die Gegenstände in den Leihläden überwiegend aus privaten Sachspenden. Und zum anderen geht es darum, sich privat oder ehrenamtlich zu engagieren. Wer zum Beispiel in einem Leihladen mitarbeitet, knüpft neue Kontakte, lernt viele Menschen kennen und findet vielleicht sogar neue Freundschaften.

Außerdem ist es in diesem Zusammenhang sehr wichtig, dass mit dem Tauschen und Teilen der „Wegwerfgesellschaft" etwas entgegensetzt wird. So hängen beispielsweise in den meisten Kleiderschränken viel zu viele Kleidungsstücke kaum getragen oder ungetragen herum. Manche Billig-T-Shirts werden nur einmal getragen und landen dann im Müll, weil das Waschen als zu mühsam erscheint. Kleiderspenden, Apps für gebrauchte Mode oder Second-Hand-Läden sind da doch eine gute Alternative, um solcher Verschwendung Einhalt zu gebieten.

Und damit komme ich zu meinem allerwichtigsten Argument: Die Sharing Economy ist nachhaltig**.** Es ist allgemein bekannt, dass die Menschheit viel zu viele Ressourcen verbraucht. „Laut der Organisation Global Footprint Network bräuchte die Menschheit im Jahre 2030 drei Erden, um sich mit allem Notwendigen einzudecken." (Michael, Text 4, Zeile 16–18) Wenn mithilfe der Sharing Economy Dinge wie Fahrzeuge, Lebensmittel, Kleidung, Möbel, technische Geräte effizienter und länger genutzt werden, dann müssen in der Folge weniger Güter produziert und transportiert werden – Ressourcen werden geschont, Energie kann gespart und Schadstoffe können vermieden werden.

(Schluss) Für mich steht außer Frage, dass die Share Economy in Zukunft einen wichtigen Beitrag beim Natur- und Umweltschutz leisten kann. Funktionieren wird das meiner Meinung nach allerdings nur unter der Voraussetzung, dass die Wirtschaft mitzieht und dass sehr viele Menschen mitmachen und ihr Leben bewusster gestalten. Natürlich haben Eltern und andere Erwachsene eine Vorbildfunktion, aber das gilt auch für uns, die Jugendlichen. Es steht viel auf dem Spiel! „Ob die Umwelt und die Gesellschaft etwas von der Sharing Economy haben, das hängt am Ende von uns allen ab – was wir daraus machen." (Michael, Text 4, Zeile 57–59)

Erörtern III: Eine antithetische Erörterung erarbeiten, Seite 19–21

Aufgabe 1 (Lösungsbeispiel)**:**
Numerische Gliederung für eine antithetische Erörterung

Thema: Share Economy: Ist tauschen und teilen besser als kaufen?

1 Einleitung
mehr Menschen tauschen und teilen, Autos, Wohnungen … Internetportale
Wirtschaftsform Sharing Economy: nicht besitzen, sondern nutzen
User: meist junge Leute (Umfragedaten, YouGov 2019, Text 2)
Sharing Economy: eine geniale Idee – oder?

2 Hauptteil

2.1 Contra-These: Teilen statt kaufen bringt Nachteile mit sich.

2.1.1 Viele Dinge sollten nicht geteilt, getauscht oder verliehen werden.
„Lieblingssachen", zu private Dinge, Freude am Eigentum berücksichtigen
Beispiel: Oldtimer des Vaters, mein Smartphone

2.1.2 Beim Teilen und Tauschen ist man häufig schlecht abgesichert**:** Reguläre Käufe sind weniger risikoreich.
Vorsicht bei privaten Sharing-Angeboten über das Internet, Fragen zur Haftung bei Defekten oder Sicherheitsmängeln

2.1.3 Rebound-Effekt: Das Teilen führt zu unerwünschten Folgen
Beispiel: bei großem Car-Sharing-Angebot mehr Menschen allein im Pkw unterwegs (vgl. Michael, Text 4, Zeile 54–56).

2.2 Pro-These: Teilen und Tauschen der **Share Economy** hat viele Vorteile.

2.2.1 Man kann man viel Geld sparen: Leihläden, „Bibliothek der Dinge", Sachen ausleihen, nutzen und ausprobieren, vom Schlagbohrer bis zur Diskokugel

2.2.2 Der Sharing-Gedanke fördert das soziale Miteinander: Spenden- und Hilfsbereitschaft, durch privates oder ehrenamtliches Engagement Kontakte knüpfen, neue Freundschaften finden

© Westermann Gruppe

2.2.3 Die Share Economy ist nachhaltig: Zitat „Global Footprint Network“ (Zitat: Michael, Text 4, Zeile 16–17)
wichtiger Beitrag zum Klima- und Umweltschutz: Dinge länger und effizienter nutzen, Ressourcen schonen, Energie sparen, weniger Schadstoffe und Müll

3 **Schluss/Synthese**
Pro und Contra abwägen, persönliches Fazit: eindeutige Vorteile bei der Share Economy, will aber nicht die Freude am Kauf schöner Dinge nehmen, kein Widerspruch zum Sharing-Gedanken, aber Sharing oft wirtschaftlicher als Kaufen
entscheidend: Share Economy kann ein wichtiger Beitrag beim Natur- und Umweltschutz sein.
Voraussetzung: Wirtschaft zieht mit, Menschen machen mit, für Jugendliche steht viel auf dem Spiel, Erfolg der Share Economy „hängt am Ende von uns allen ab“ (Zitat: Michael, Text 4, Zeile 58–59)

Aufgabe 2 (Lösungsbeispiel für eine antithetische Erörterung)**:**

Thema: Share Economy: Ist tauschen und teilen besser als kaufen?

(Einleitung) Immer mehr Menschen in Deutschland tauschen und teilen – von Autos, Wohnungen, Kleidung, Geräten und Maschinen bis hin zu Lebensmitteln. Möglich macht das die Sharing Economy, eine Wirtschaftsform, die vor allem über Internetportale funktioniert. Die Idee dahinter ist: Man muss Dinge nicht besitzen, aber man muss sie nutzen können, wenn man sie gerade benötigt. Laut einer Umfrage aus dem Jahr (YouGov 2019, Text 2, Bitkom Research) nutzen vor allem junge Leute, die in den sozialen Netzwerken zu Hause sind, Sharing-Angebote wie zum Beispiel Bike-Sharing oder Mitfahrzentralen. Auf den ersten Blick ist das Prinzip „Share Economy“ eine geniale Idee – aber Kritiker/Kritikerinnen sehen auch Schattenseiten bei der Share-Economy. Ist tauschen und teilen also wirklich besser als kaufen?

(Hauptteil „Contra“) Teilen statt Kaufen kann auch Nachteile haben. Aus meiner Sicht muss man unbedingt berücksichtigen, dass viele Menschen Freude an ihrem Eigentum haben, vor allem wenn es um ihre „Lieblingssachen“ oder etwas sehr Privates geht. Viele Sachen sollten nicht geteilt, getauscht oder verliehen werden. Denn wenn jemandem etwas am Herzen liegt, wird er/sie es vermutlich nicht gern teilen, sondern es kaufen und besitzen wollen. Ein gutes Beispiel dafür ist mein Vater, er würde niemals seinen geliebten Oldtimer verleihen. Auch für mich kommt nicht infrage, so etwas Privates wie mein Smartphone mit jemand anderem zu teilen.

Wichtig ist auch das Argument, dass man beim Teilen und Tauschen häufig schlechter abgesichert ist, als wenn man regulär kauft. Vor allem bei privaten Sharing-Angeboten über das Internet sollte man deshalb Vorsicht walten lassen. Wer haftet, wenn sich z. B. bei einem gebrauchten Smartphone Defekte herausstellen oder wenn das ach so günstige Jugendfahrrad Sicherheitsmängel aufweist? In vielen Fällen bleibt man dann auf den Kosten sitzen.

Ein weiterer Nachteil der Share-Economy kann der sogenannte Rebound-Effekt sein. Dieser Begriff beschreibt, unerwünschte Folgen des Teilens, „wenn sich zum Beispiel bei einem wachsenden Car-Sharing-Angebot wieder mehr Menschen allein hinters Lenkrad klemmen, statt andere mitzunehmen oder die öffentlichen Verkehrsmittel zu nutzen.“ (Michael, Text 4, Zeile 54–57).

(Hauptteil „Pro“) Andererseits darf man aber keinesfalls übersehen, dass hinter vielen Angeboten zum Teilen und Tauschen eine gute Idee steckt und es die bessere Alternative zum Kaufen sein kann. Warum sollte man etwas für viel Geld kaufen, was man sowieso nur einoder zweimal im Jahr nutzt? Man kann viel Geld sparen, wenn man Dinge leiht oder tauscht. Bei uns in der Nähe gibt es einen „Leihladen“, in dem man gegen eine geringe Gebühr viele nützliche Dinge ausleihen kann, vom Schlagbohrer bis zur Diskokugel. Letztere habe ich mir für meine Geburtstagsparty ausgeborgt.

Aber es geht nicht nur ums Sparen, sondern noch wichtiger ist mir der soziale Aspekt. Der Sharing-Gedanke fördert das soziale Miteinander. Zum einen ist da die Bereitschaft, Dingen zu spenden, um sie anderen zur Verfügung zu stellen. So stammen die Gegenstände in den Leihläden überwiegend aus privaten Sachspenden. Und zum anderen geht es darum, den Zusammenhalt in der Gesellschaft zu stärken und sich privat oder ehrenamtlich zu engagieren. Wer zum Beispiel in einem Leihladen mitarbeitet, knüpft neue Kontakte, lernt viele Menschen kennen und findet vielleicht sogar neue Freundschaften.

Damit komme ich nun zum allerwichtigsten Argument, das für Teilen und Tauschen spricht. Das Grundprinzip der Share Economy ist Nachhaltigkeit. Wir wissen wohl alle, dass die Menschheit über ihre Verhältnisse

© Westermann Gruppe

lebt. „Laut der Organisation Global Footprint Network bräuchte die Menschheit im Jahre 2030 drei Erden, um sich mit allem Notwendigen einzudecken." (Michael, Text 4, Zeile 16–18) Wenn wir mithilfe der Sharing Economy Dinge wie Fahrzeuge, Lebensmittel, Kleidung, Möbel, technische Geräte effizienter und länger nutzen, dann müssen in der Folge weniger Güter produziert und transportiert werden, Ressourcen werden geschont, Energie kann gespart, der Schadstoffausstoß und das Müllaufkommen können reduziert werden.

(Schluss) Wenn ich nun Pro und Contra abwäge, überwiegen für mich die Vorteile der Share Economy ganz eindeutig. Natürlich möchte ich niemandem die Freude am Kaufen und Besitz von schönen Dingen nehmen. Aber ich finde, das muss nicht im Widerspruch zum Sharing-Gedanken stehen. Oftmals ist es einfach viel wirtschaftlicher, Sharing-Angebote zu nutzen, statt zu kaufen. Entscheidend ist für mich aber, dass die Share Economy einen wichtigen Beitrag beim Natur- und Umweltschutz leisten kann – unter der Voraussetzung, dass die Wirtschaft und sehr viele Menschen mitmachen. Es steht viel auf dem Spiel – auch für uns, die Jugendlichen! „Ob die Umwelt und die Gesellschaft etwas von der Sharing Economy haben, das hängt am Ende von uns allen ab – was wir daraus machen." (Michael, Text 4, Zeile 57–59)

Einen literarischen Text analysieren, Seite 22–25

Aufgabe 2:

Die Hauptfiguren der Geschichte sind eine Frau, ein alter Mann und ein kleines Kind.
Das Alter der **Frau** ist nicht angegeben; sie dürfte aber bereits im Rentenalter sein
Der **Mann** wird als „alter" Mann bezeichnet. Wie alt er wirklich ist, bleibt offen.
Das **Kind** ist sicher nicht älter als zwei Jahre, da es noch in einem Gitterbett steht.

Der **Mann** spielt dem **Kind** komische Figuren wie in einem Theaterstück vor.
Das **Kind** schaut zu und findet das lustig.
Die **Frau** fühlte sich selbst gemeint von den Vorführungen des Alten, ist ratlos, eingeschüchtert und erbost.

Die **Frau** wohnt in dem vorletzten Geschoss eines Hochhauses.
Das Fenster des **Mannes** befindet sich fast auf gleicher Höhe im Obergeschoss des Hauses gegenüber.
Das Fenster des **Kindes** befindet sich über der Wohnung der Frau im letzten Geschoss.

Die **Frau** ist einsam, neugierig, sensationslüstern, humorlos...
Der **Mann** ist humorvoll, kontaktfreudig, einfallsreich...
Das **Kind** ist neugierig, es freut sich ...

Aufgabe 3 (mögliche Lösung):

Die Kurzgeschichte „Das Fenstertheater" hat Ilse Aichinger im Jahr 1954 veröffentlicht.

Aufgabe 4 (mögliche Lösung):

In dieser Geschichte geht es um das Missverständnis einer Frau, die einen alten Mann beobachtet, der komische Dinge vollführt. Dabei bezieht sie das ganze Theater auf sich selbst und ahnt nicht, dass die Vorführungen des Mannes einem kleinen Kind gelten, das in ihrem Haus ein Stockwerk höher wohnt und sich daran erfreut.

Aufgabe 5 (mögliche Lösung):

*Die **Hauptfigur** der Geschichte ist eine ältere, einsame und neugierige Frau.*

*Aus ihrer **Perspektive** wird erzählt, wie sie am Fenster des Hauses gegenüber einen alten Mann beobachtet, der ihr, wie sie meint, in verschiedenen Verkleidungen verrückte und anstößige Dinge vorspielt.*

*Die erste **Gegenfigur** ist dieser alte Mann, der an seinem Fenster tatsächlich das merkwürdigste Theater inszeniert.*

*Eine weitere **Gegenfigur** ist ein kleines Kind, das der Alte mit seinem „Fenstertheater" unterhält und erfreut, was die Frau aber nicht weiß.*

*Zum **Konflikt** kommt es dadurch, dass die Frau die Polizei einschaltet. Diese bricht in die Wohnung des alten Mannes ein. Die Frau, die mit weiteren Passanten dabei ist, sieht nun, wie sich der alte Mann erneut komisch verkleidet hat.*

*Der **Konflikt** löst sich dadurch auf, dass die Frau erkennen muss, dass das Theater des Mannes dem kleinen Kind im Gitterbett am Fenster gegenüber gilt, das daran seinen Spaß hat.*

Aufgabe 6 (mögliche Lösung):

Der Text könnte etwa folgendermaßen aussehen:

*Die Geschichte hat den **Titel „Das Fenstertheater"**.*

*Diese **Überschrift** deutet darauf hin, dass hier an verschiedenen Fenstern eine Art Theater mit Schauspielern und Zuschauern stattfindet.*

*Dabei ist der **„Schauspieler"** ein alter Mann, der in witzigen Verkleidungen und mit komischen Gebärden etwas vorspielt.*

*Die **„Zuschauenden"** sind die Frau am Fenster gegenüber und ein kleines Kind am Fenster darüber.*

© Westermann Gruppe

Was der Schauspieler da vorspielt, findet die Frau rätselhaft und anstößig, weil sie nicht weiß, dass es der Alte nicht ihr, sondern dem Kind vorspielt.

Die Ereignisse werden in einer einfachen und unkomplizierten ***Sprache*** *erzählt.*

Ihre ***Anschaulichkeit*** *erhält die Geschichte durch die* ***Gegensätze*** *Licht und Dunkelheit, Humor und Humorlosigkeit, kommunikativ und ichbezogen.*

Spannung *wird dadurch erzeugt, dass für den Leser/die Leserin nicht zu erkennen ist, für wen das ganze Theater gespielt wird.*

Am ***Ende*** *der Geschichte steht der metaphorische Satz: „Dann warf er es (das Lachen) mit aller Kraft den Wachleuten ins Gesicht" (Zeile 65–66). Dieser Satz soll* ***deutlich machen,*** *dass das Kind die Wachleute deswegen verspottet, weil sie so eine sinnlose Gewalt angewendet haben.*

Für mich ***bedeutet*** *die Geschichte: Manche einsamen Menschen verlieren ihre Kommunikationsfähigkeit und leben ichbezogen nur noch vor sich hin.*

Die Geschichte lässt sich auch auf unsere Gegenwart ***übertragen****. Sie zeigt, dass in Hochhaussiedlungen manche Menschen vereinsamen und ihre Kontakte zu anderen verlieren.*

Eine literarische Figur charakterisieren, Seite 26–27

Aufgabe 2:

A *Diese Frau, die ständig aus dem Fenster starrt, ist süchtig nach Sensationen, die etwas Abwechslung in ihr eintöniges Leben bringen.*

B *Sie erhofft sich sogar Unfälle, an denen sie sich vergnügen könnte. Das deutet darauf hin, dass sie ein schadenfroher Mensch ist.*

C *Wenn sich jemand so verhält, dann lebt er ganz auf sich selbst bezogen und hat Angst davor, von anderen in seiner Neugier ertappt zu werden.*

D *Als der Alte plötzlich seine Beine in die Luft reckt, missdeutet die Frau das als eine Herausforderung und fühlt sich beleidigt.*

E *Sie benachrichtigt die Polizei, was auf ihren rachsüchtigen Charakter hinweist.*

F *Dass sie sich der Menge der Neugierigen anschließt, deutet einmal mehr an, wie sehr die Frau von Neugier und Sensationslust erfüllt ist und aus Rachegefühlen heraus an der Festnahme des Alten teilnehmen möchte.*

G *Für mich als Leser/Leserin ist diese Frau humorlos, kontaktunfähig, sensationslüstern und verbiestert, kurz eine unsympathische Frau.* Oder aber auch: *vereinsamt, verschüchtert, bedauernswert, unglücklich…*

Die zusammenhängende Charakterisierung könnte etwa so aussehen:

Im Mittelpunkt der Kurzgeschichte „Das Fenstertheater" von Ilse Aichinger steht eine Frau, aus deren Perspektive alles erzählt wird. Sie dürfte etwa 60–70 Jahre alt sein und lebt in der Wohnung einer Vorstadtsiedlung. Diese Frau ist, wie es der Satz „Sie hatte den starren Blick neugieriger Leute, die unersättlich sind" (Zeile 3) ausdrückt, in ihrer Einsamkeit erstarrt und sehnt sich nach Sensationen, die etwas Abwechslung in ihr Leben bringen. Ihre Erwartungen sind bestimmt von Egoismus und Sensationslust, was man mit dem Satz „Es hatte ihr noch niemand den Gefallen getan, vor ihrem Haus niedergefahren zu werden" (Zeile 3–4) belegen kann. Als sie den Mann am Fenster gegenüber beobachtet, wird deutlich, wie humorlos und verkniffen sie einerseits ist und wie eingebildet und fasziniert andererseits. Dann ruft sie die Polizei. Aber warum? Vielleicht will sie selbst einmal etwas Aufsehenerregendes inszenieren. Vielleicht will sie sich endlich einmal unter andere Leute mischen. Am Ende läuft sie auch noch mit der Menschenmenge in die Wohnung des Alten. Das alles lässt Schlüsse auf ihren Charakter zu. Sie möchte wohl daran teilnehmen, wie der komische Alte wegen seines anstößigen Verhaltens abgeführt wird. Sie ist so ichbezogen und voller Rachegelüste, dass sie sehen möchte, wie er bestraft wird.

Für mich als Leser/Leserin ist diese Frau humorlos, kontaktunfähig, sensationslüstern und verbiestert, kurz eine unsympathische alte Frau.

Eine Szene untersuchend erschließen, Seite 28–30
„Faust – Der Tragödie erster Teil"

Aufgabe 1:

Gretchen ist hoffnungslos in Faust verliebt. Nun ist er aber fort und sie weiß nicht, ob er zurückkommt. So ist sie einerseits unruhig und unsicher („Meine Ruh ist hin"). Andererseits ist im Text aber auch ihre tiefe Liebe für Faust zu spüren. Sie schwärmt von ihm und sehnt sich nach seiner Nähe. Gretchen ist hin und her gerissen zwischen ihren Gefühlen und wirkt daher insgesamt schwermütig.

Aufgabe 2:

Gretchen vergeht vor Sehnsucht nach Faust – sie verzehrt sich nach ihm. Wenn er nicht da ist, ist sie unglücklich

© Westermann Gruppe

und weiß nichts mit sich anzufangen. Ohne ihn möchte und kann sie nicht mehr leben. Sie fühlt sich kopflos und verwirrt, denn alles in ihrem Leben dreht sich jetzt nur noch um ihn. Sie lobt seine Statur, sein Auftreten, sein Lächeln und seine Augen. Außerdem schwärmt sie von seiner Klugheit und dem Zauber, der von seinen Berührungen ausgeht.

Aufgabe 3:
Bis zu der Begegnung mit Faust führte Gretchen ein geregeltes, gottesfürchtiges und sittsames Leben. Sie ist Bestandteil einer kleinbürgerlichen Welt, in der sie sich wohlfühlt. Mit der heimlichen und vor allem vorehelichen Liebesbeziehung zu Faust verlässt Gretchen den damaligen Weg der Tugend. Die Liebe zu Faust lässt sie entgegen der mittelalterlichen Moralgesetze handeln und führt sie so auf gefährliche Pfade. Ihr drohen Ächtung durch Kirche und Gesellschaft.

Aufgabe 4:
Gretchens Monolog besteht aus zehn Strophen mit jeweils vier Versen. Drei Strophen sind identisch (Strophe 1, 4 und 8). In ihnen wird Gretchens Grundstimmung zusammengefasst. Außerdem reimen sich in diesen Strophen immer die letzten drei Verse miteinander, wodurch die Stimmung, in der sich Gretchen befindet, besonders verstärkt wird. In fünf von zehn Strophen reimt sich der zweite mit dem vierten Vers (Strophe 3, 5, 6, 7, 9 und 10). Dadurch tritt die Kernaussage der jeweiligen Strophe besonders hervor. Die zweite Strophe zeichnet sich durch einen Paarreim aus. In ihr wird Gretchens derzeitige Situation und größte Angst beschrieben – ein Leben ohne Faust an ihrer Seite. Die Reime halten dabei die Aussagen, die über zwei Verse gehen, zusammen. Im Text ist folglich kein eindeutiges Reimschema zu erkennen. So wird durch den Wechsel unterschiedlicher Reimformen Gretchens Unruhe und ihre Hin-und-Her-Gerissenheit klanglich unterstrichen.

Aufgabe 5:
Die erste Strophe ist ein Refrain, der in Strophe 4 und in Strophe 8 noch einmal wiederholt wird. Durch die Wiederholung wird das Augenmerk des Lesers immer wieder auf Gretchens Grundstimmung gelenkt.

Aufgabe 6:
Gretchens Wortwahl ist einfach und schlicht. Ohne hochtrabende Worte kann sie ihre Gefühlslage deutlich darstellen und veranschaulichen. Gretchens bürgerliche Redeweise zeigt sich an der Verwendung von bildhaften Redensarten wie „Mein Herz ist schwer“, „Die ganze Welt / Ist mir vergällt“, „Mein Busen drängt / Sich nach ihm hin“. Durch ihre straken Gefühle für Faust empfindet sie alles viel stärker. Das lässt sich auch in ihren Äußerungen erkennen, die zum einen bildlich sind und zum anderen Übertreibungen enthalten, die ihr als solche wahrscheinlich gar nicht bewusst sind – denn sie fühlt sich in diesem Moment wahrhaftig so („Die ganze Welt / Ist mir vergällt“).

Die Steigerung des „nimmer“ zu „nimmermehr“ macht klar, wie ernst die Situation für Gretchen ist. Es ist für sie nicht nur eine kleine und bedeutungslose Liebelei. Sie empfindet tiefe und wahrhaftige Gefühle für Faust. Negativ belegte Verben, wie „vergällt“, „verrückt“, „zerstückt“ und „vergehen“, beschreiben Gretchens Unruhe, ihre Sorgen und ihre Zweifel. Im Gegensatz dazu beschreibt sie Faust mit sehr positiv belegten Adjektiven: hoch und edel. Die Genitivattribute zur genaueren Beschreibung seines Mundes und seiner Augen („Seines Mundes Lächeln, / Seiner Augen Gewalt“) verdeutlichen, dass sich Gretchen sehr genau mit den Vorzügen von Faust auseinandergesetzt hat. Die Augen sind nicht nur einfach schön, sondern haben eine besondere Macht über sie.

Aufgabe 7:
Interpretation der Szene „Gretchens Stube“
Gretchen ist eine literarische Figur in Johann Wolfgang von Goethes Drama „Faust – Der Tragödie erster Teil“.

Das Geschehen spielt im ausgehenden Mittelalter. Es erzählt von Fausts Suche nach den letzten Erkenntnissen der Welt und der daraus resultierenden Wette mit Mephisto, durch die Gretchen zum Spielball von Mephisto wird.

Der durch Mephisto verjüngte Faust beginnt eine heimliche Beziehung zu dem einfachen und sittsamen Bürgermädchen Margarete. Faust, der zunächst nur seinen frisch erwachten sexuellen Trieben nachgehen will, erkennt sehr bald, dass sich Gretchen tatsächlich in ihn verliebt hat und er selbst ebenfalls tiefere Gefühle für Gretchen empfindet. Er zieht sich zum Nachdenken zurück, um sich seiner Gefühle klar zu werden und um mögliches Unheil abzuwenden. Gretchen bleibt unterdessen in Ungewissheit zurück.

Am Spinnrad denkt Gretchen über alles nach. In einem inneren Monolog, der in Liedform dargeboten ist, drückt sie ihre Gefühle für Faust und ihre Sorge um die Beziehung aus. Sie ist sehr unruhig und unsicher, weil Faust sie zurückgelassen hat und sie so nicht weiß, was aus ihrem Verhältnis wird („Meine Ruh ist hin, / Mein Herz ist schwer“ – Vers 1–2, 13–14, 29–30). Sie fürchtet sich vor einer Zukunft ohne ihn, denn sie hat ihr Herz ganz und gar an ihn verloren. Sie spricht ausschließlich positiv von ihm. Außerdem berichtet sie von ihrer Abhängig-

© Westermann Gruppe

keit von Faust – ohne ihn will sie nicht mehr sein. Durch ihn hat sich ihr Leben vollkommen verschoben. Das stets sittsame Bürgermädchen ist nun der „Untugend“ verfallen. Dabei ist sie aber nicht Opfer einer einfachen Schwärmerei, sondern folgt ihren tiefen und absolut unverrückbaren Gefühlen für Faust („Wo ich ihn nicht hab, / Ist mir das Grab, / Die ganze Welt / Ist mir vergällt“ Vers 5–6). In diesem Bewusstsein ahnt Gretchen vielleicht auch schon, dass diese Beziehung für sie kein gutes Ende nehmen wird. Sie befindet sich in einer inneren Zerrissenheit (Verliebtheit – Sorge um die Zukunft), die auch in der klanglichen Gestaltung des Textes deutlich wird. Dem Lied liegt kein eindeutiges Reimschema zugrunde. Es wechselt stetig hin und her, sodass die Unruhe und Sorge Gretchens hörbar werden.

Im Werkzusammenhang stellt diese Szene den Moment dar, in dem es für Gretchen kein Zurück mehr gibt. Ihr Schicksal ist aus ihrer Sicht unveränderbar mit Faust verbunden. So verlässt sie ab da den Pfad der damals geltenden Moral und Tugend und macht ihr Leben von Fausts Liebe abhängig.

Einen dramatischen Konflikt erkennen, Seite 31–32:

Aufgabe 1:
Die folgenden Textstellen können markiert werden:
Vers 12: Der Schmerz mir im Gebein?
→ Gretchen fühlt seelischen Schmerz.
Vers 13: Was mein armes Herz hier banget
→ Gretchen hat Angst vor der Zukunft.
Vers 14: Was es zittert, was verlanget
→ Gretchen verlangt es trotz allem nach Faust.
Vers 15: Weißt nur du, nur du allein!
→ Gretchen fühlt sich allein.
Vers 17–18.: Wie weh, wie weh, wie wehe /
Wird mir im Busen hier!
→ Gretchen ist verzweifelt und leidet unter der Situation.
Vers 20–21: Ich wein, ich wein, ich weine, /
Das Herz zerbricht in mir.
→ Gretchen weint – sie ist äußerst traurig.
Vers 23: Betaut’ ich mit Tränen, ach!
→ Gretchen weint.
Vers 28: Saß ich in allem Jammer
→ Gretchen fühlt sich elend.
Vers 30: Hilf! rette mich von Schmach und Tod!
→ flehentliche Bitte um Hilfe – Angst vor Schmach und Tod

Aufgabe 2:
Gretchen weiß, dass sie gegen den damals geltenden Moralkodex verstoßen hat. Sie glaubt, vor Gott in Ungnade gefallen zu sein. So traut sie sich nicht mehr in die Kirche, sondern nur noch in eine Nische, wo sie sich einzig von der Mutter Gottes Hilfe erhofft.

Aufgabe 3:
Gretchen ist absolut verzweifelt. Durch das Gespräch mit Lieschen hat sie erfahren, wie es Bärbelchen ergangen ist, nachdem ihr Liebhaber sie verlassen hat. Auch Gretchen hätte solche Mädchen früher verurteilt. Sie weiß also, dass es rechtens ist, solche Frauen aus der Gesellschaft zu verstoßen. Da sie durch die Liebe zu Faust in eine ähnliche Lage zu gelangen droht, fürchtet sie sich vor ihrer Zukunft.

Aufgabe 5:
Gretchen befindet sich in einem inneren Konflikt. Wie in dem Hilferuf an die Mutter Gottes deutlich wird, weiß Gretchen keinen Ausweg aus ihrer Situation. Sie liebt Faust so sehr und hat solche Sehnsucht nach ihm, dass sie für ihn all ihre festen moralischen sowie kirchlichen Grundsätze außer Acht gelassen hat. Nun fürchtet sie sich nicht nur vor den Folgen ihrer „Sünde“, die sie selbst auch als solche ansieht, sondern verzehrt sich weiterhin nach Faust und verstärkt dadurch ihren quälenden Seelenzustand immer weiter. An ihrem frommen Leben festhaltend betet sie zu Maria und bittet um Hilfe. Gretchen ist somit gefangen zwischen den gesellschaftlichen Erwartungen bzw. Konventionen und ihren tiefen Gefühlen zu Faust.

Eine literarische Figur in ihre Zeit einordnen und charakterisieren, Seite 33–37:

Aufgabe 2:
- strenge Ständegesellschaft (1. Stand: Klerus, die geistlichen Amt- und Würdenträger; 2. Stand: adlige Bevölkerung; 3. Stand: einfache Bürger und Bauern)
- Kirche bestimmte die Moral-, Werte- und Weltvorstellungen aller Stände
- Adel herrschte über das Leben der niederen Bevölkerung
- Großteil der Bevölkerung war der Willkür der Reichen und Geistlichen ausgesetzt
- Frauen galten als Menschen minderer Art – sie waren unmündige Bürger
- männliche Familienmitglieder bzw. Ehemänner bestimmen über die Frauen

© Westermann Gruppe

- höchstes Gut einer Frau war ihre Jungfräulichkeit, ohne sie galt eine Frau als ehrlos und verdammt
- zunehmende Abkehr der Wissenschaftler von den strengen und dogmatischen Werten und Weltvorstellungen
- Bildung des einfachen Volkes nimmt langsam zu
- trotzdem: Aberglaube bzw. Glaube an Hexerei und Furcht vor Gotteslästerung weit verbreitet

Aufgabe 4:
Früher hat Valentin den prahlerischen Reden seiner Kameraden über deren Liebschaften amüsiert zugehört. Da nun aber seine Schwester betroffen ist, sieht er die Familienehre „beschmutzt" und will sich am Verführer rächen. Er trifft auf Mephisto und Faust. In einem anschließenden Zweikampf mit Faust wird Valentin tödlich getroffen. Sterbend beschimpft er Gretchen und verflucht sie, weil sie ihre eigenen Werte verraten hat.

Aufgabe 5:
Vers 12–14:
→ Valentin war früher stolz auf seine Schwester.
Vers 21–26:
→ Gretchen muss sich zu Recht beschimpfen lassen.
Vers 40–63:
→ Für Valentin existiert keine Liebe ohne Trauschein. (Hure, Metze)
Vers 60–73:
→ Valentin prophezeit Schmach und Schande und den Ausschluss aus der Kirche für die Ehrlose – Gretchen ist für ihn der „Aussatz" der Gesellschaft, in seinen Augen hat sie die Regeln sträflich verletzt, er sieht sich selbst im Einklang mit allen „braven Bürgersleut", stirbt mit einem Fluch gegen seine Schwester.
Vers 84–85:
→ Valentin sieht sich als den Retter der Familienehre.

Aufgabe 6:
Valentin vereint viele Merkmale der mittelalterlichen Gesellschaftsnormen, die im Text genannt werden, in sich. Er erkennt nur ein durch den kirchlichen Segen besiegeltes Verhältnis zwischen Mann und Frau an. Alles andere ist in seinen Augen Schmach, Schande und ehrlos und verdient dadurch den Ausschluss aus der Kirche und die Ausgrenzung von der Gesellschaft. Er fühlt sich für seine Schwester verantwortlich und sieht durch Gretchens Fehlverhalten auch seine eigene Ehre beschmutzt (Vers 19–22).
Vers 37–41, Vers 50 ff.:
→ voreheliche Beziehungen sind Schande / Sünde
Vers 60 ff:
→ „Unmoral" muss immer den Ausschluss aus Kirche und Gesellschaft zur Folge haben
Vers 84–85:
→ mit seinem Tod glaubt Valentin die Schmach gesühnt zu haben

Aufgabe 7:
Valentins innerer Konflikt besteht darin, dass er fest den moralischen Vorstellungen seiner Zeit verhaftet ist und deshalb seine eigene Schwester, die er selbstverständlich liebt, verurteilen und verfluchen muss. Er ist enttäuscht von ihr. Gerade diese mittelalterlichen Werte und Normen erzeugen auch einen äußeren Konflikt. Gretchen hat durch ihre „verbotene Liebe" die Ehre der Familie „beschmutzt" und somit auch Valentin aus der Gesellschaft teilweise ausgestoßen. In seinem Glauben, auf diese Weise das Gleichgewicht, sprich die Familienehre wiederherstellen zu können, kämpft Valentin mit Faust und stirbt in diesem Kampf.

Aufgabe 8:
Als typischer Vertreter mittelalterlicher Moralvorstellungen und deren konsequenter Durchsetzung gibt Valentin einen tieferen Einblick in die damalige Gesellschaft. Die Tragödie, in der sich Gretchen befindet, wird erst durch ihn absolut offensichtlich. Für Gretchen gibt es kein Zurück mehr in die Gesellschaft. Sie wird auf keine schützende Hand hoffen können, denn selbst ihre engsten Vertrauten haben sich von ihr abgewandt.

Aufgabe 9:
Figurencharakterisierung von Valentin
Valentin ist eine literarische Figur in Johann Wolfgang von Goethes Drama „Faust – Der Tragödie erster Teil". Er ist Soldat und der Bruder von Gretchen. Als dieser hat er seinen ersten und einzigen Auftritt in der Szene „Nacht" (Vers 1–85).

In einem längeren Monolog spricht er zunächst von der früheren Tugendhaftigkeit seiner Schwester und von seinem jetzigen Entsetzen über ihre verbotene Liebesbeziehung zu Faust. Früher hat er gelassen und amüsiert den abfälligen Gesprächen seiner Kameraden über Mädchen zugehört (Vers 1–11). Nun aber, wo er selbst betroffen ist, empfindet er Gretchens Schande als tiefe Ehrverletzung für die ganze Familie. Er befürchtet, sich zukünftig von jedem „Schurken" beschimpfen lassen zu müssen, und zwar zu Recht, wie er findet (Vers 21–26).

Um die Familienehre zu retten, ist Valentin auf gewaltsame Rache aus und will den vermeintlichen Schänder seiner Schwester „nicht lebendig von der Stelle" lassen

© Westermann Gruppe

(Vers 30). Als er auf Mephisto und Faust trifft, geraten sie in ein Duell. In dieser Auseinandersetzung wird Valentin tödlich verletzt. Entsetzt eilen viele Menschen herbei, unter ihnen auch Gretchen und Frau Marthe.

Den Tod schon vor Augen, bleibt Valentin noch genügend Zeit, um ein paar letzte Worte an Gretchen zu richten, in denen er sie verurteilt und verdammt.

Im zweiten Monolog von Valentin (Vers 37–85) werden seine Ansichten und Wertvorstellungen, durch die sich sein Verhalten erklären lässt, besonders deutlich: Beziehungen ohne Trauschein sind für ihn Schande und verdienen Strafe. Außerdem entehrt sich eine Frau dadurch vollkommen.

Den damaligen Moralvorstellungen absolut verhaftet und folgeleistend stellt Valentin seine Schwester öffentlich bloß und prophezeit ihr die Ausstoßung aus der Gesellschaft. Er verflucht seine Schwester („Auf Erden sein vermaledeit!" Vers 73) und gibt ihr die Schuld an seinem Tod. Sogar das Recht, um seinen Tod zu trauern, spricht er ihr ab.

Trotz seines nur kurzen Auftritts bündeln sich in der Figur Valentin für das Drama bedeutsame innere und äußere Konflikte. Er kann mit der „Entehrung" durch Gretchens vermeintliche Schuld / Sünde nicht umgehen. So bleibt ihm nur der absolute Bruch mit seiner Schwester, denn in seinen Augen nehmen die moralischen Werte und Normen der Gesellschaft einen höheren Rang ein als das persönliche Glück der eigenen Schwester.

Bis zum Schluss ist er seiner moralischen Überzeugung so stark verhaftet, dass er mit einem Fluch gegen seine Schwester aus dem Leben scheidet – auch die geschwisterliche Liebe zu ihr muss sich den gesellschaftlichen Konventionen der Zeit unterwerfen.

So erweist sich Valentin als der typische Vertreter mittelalterlicher Moralvorstellungen.

Auch wenn sich Valentin selbst treu bleibt, ist es für mich traurig zu sehen, dass er für seine Schwester in keiner Weise Verständnis oder Mitgefühl aufbringen kann und ihr so auch jegliche Hilfe bzw. Unterstützung verwehrt.

Den Inhalt einer Ballade wiedergeben, Seite 38–39:

Aufgabe 1:

Nis Randers
Otto Ernst (1907)
Krachen und Heulen und berstende Nacht,
Dunkel und Flammen in rasender Jagd –
Ein Schrei durch die Brandung!
Und brennt der Himmel, so sieht man's gut:
Ein Wrack auf der Sandbank! Noch wiegt es die Flut;
Gleich holt sich's der Abgrund.
Nis Randers lugt – und ohne Hast
Spricht er: „Da hängt noch ein Mann im Mast;
Wir müssen ihn holen."
Da fasst ihn die Mutter: „Du steigst mir nicht ein:
Dich will ich behalten, du bliebst mir allein,
Ich will's, deine Mutter!
Dein Vater ging unter und Momme, mein Sohn;
Drei Jahre verschollen ist Uwe schon,
Mein Uwe, mein Uwe!"
Nis tritt auf die Brücke. Die Mutter ihm nach!
Er weist nach dem Wrack und spricht gemach:
„Und seine Mutter?"
Nun springt er ins Boot, und mit ihm noch sechs:
Hohes, hartes Friesengewächs;
Schon sausen die Ruder.
Boot oben, Boot unten, ein Höllentanz!
Nun muss es zerschmettern ...! Nein: Es blieb ganz! ...
Wie lange? Wie lange?
Mit feurigen Geißeln peitscht das Meer
Die menschenfressenden Rosse daher;
Sie schnauben und schäumen.
Wie hechelnde Hast sie zusammenzwingt!
Eins auf den Nacken des andern springt
Mit stampfenden Hufen!
Drei Wetter zusammen! Nun brennt die Welt!
Was da? – Ein Boot, das landwärts hält –
Sie sind es! Sie kommen! – –
Und Auge und Ohr ins Dunkel gespannt ...
Still – ruft da nicht einer? – Er schreit's durch die Hand:
„Sagt Mutter, 's ist Uwe!"

Aufgabe 2:

Ein Schiff ist ~~in der Nacht~~ an der Küste in einem ~~schrecklichen~~ Sturm zerschmettert worden. Doch im Mast sitzt noch ein Schiffbrüchiger. Nis, ~~ein junger Mann, der im Dorf wohnt~~, will ihn ~~unbedingt~~ retten. Doch seine Mutter will das nicht, da fast die ganze Familie schon untergegangen ist. Ihr Mann und ihr Sohn Momme sind tot, und ihr Sohn Uwe ist verschollen. Doch Nis lässt sich von der Mutter nicht aufhalten. Also sammelt er einige andere ~~starke~~ Männer ~~aus dem Dorf~~, um den Mann im Mast zu retten. ~~Ihr Boot schaukelt gefährlich, aber~~ es gelingt ihnen, ~~durch die tobenden Wellen hindurch~~ an das verunglückte Schiff zu gelangen und den Mann ~~in letzter Minute~~ zu retten. Es ist Uwe, der verschollene dritte Sohn.

Es fehlen folgende Daten:

- Titel: Nis Randers
- Autor: Otto Ernst
- Entstehungsjahr: 1907
- Gattung: Gedicht

© Westermann Gruppe

- ein Hinweis, worum es allgemein im Text geht
- ein Hinweis darauf, dass Nis den Schiffbrüchigen rettet, weil er auch an dessen Mutter denkt

Aufgabe 3:
Das Gedicht „Nis Randers" von Otto Ernst entstand 1907. Bei dem Gedicht handelt es sich um eine Ballade. Die zentralen Themen der Ballade sind Mitgefühl und Hilfsbereitschaft. Ein Schiff ist an der Küste in einem Sturm stark beschädigt worden. Doch im Mast sitzt noch ein Schiffbrüchiger. Nis will ihn retten. Doch seine Mutter ist dagegen, da Nis ihr letztes Familienmitglied ist. Ihr Mann und ihr Sohn Momme sind tot, und ihr Sohn Uwe ist verschollen. Doch Nis lässt sich von der Mutter nicht aufhalten. Stattdessen appelliert er an ihr Mitgefühl, indem er heraushebt, dass auch der Schiffbrüchige eine Mutter hat. Also sammelt er einige andere Männer, um den Mann im Mast zu retten. Es gelingt ihnen, an das Wrack zu gelangen und den Mann zu retten. Es stellt sich heraus, dass es sich um den verschollenen dritten Sohn Uwe handelt.

Eine Interpretation zu einer Ballade schreiben, Seite 40–41:

Aufgabe 3 (mögliche Lösung)**:**
Das zentrale Thema der Ballade ist die Angst und der Mut der Menschen, die gegeneinander abgewogen werden müssen. Das kommt vor allem dadurch zum Ausdruck, dass der Dialog zwischen Mutter und Sohn im Mittelpunkt der Ballade steht. Von den zwölf Strophen der Ballade schildern sechs (die ersten beiden und die Strophen 8, 9, 10, 11) in dramatischen Worten den Sturm und wie Nis Randers Uwe rettet. Im Zentrum der mittleren Strophen steht der Dialog zwischen Nis und seiner Mutter. Die Strophen bestehen (ganz ungewöhnlich!) aus jeweils drei Versen, von denen die ersten beiden aus vier betonten Silben bestehen und sich reimen. Der letzte jedoch ist ungereimt und hat nur zwei betonte Silben. Dieser dritte Vers endet in den meisten Strophen mit einer Frage oder einem Ausrufezeichen. Das gibt dem Ganzen eine dramatische Form aus Bewegung und Stauung. Dadurch wird das Auf und Ab der stürmischen Wellen durch die Form des Gedichts untermalt. Die Spannung der Ballade kommt dadurch zustande, dass zu Beginn nur ein „Schrei" (Vers 3) zu hören ist, danach von einem „Mann" (Vers 8) die Rede ist, von dem niemand weiß, wer es ist. Am Schluss kommt heraus, dass der gerettete Mann der verschollen geglaubte Sohn Uwe ist.

Dass die Überschrift der Ballade „Nis Randers" heißt, erkläre ich mir so: Nis Randers ist die Hauptfigur in dem Gedicht. Er sieht den Schiffsbrüchigen im Mast und fordert ruhig zu einer Rettungsaktion auf. Außerdem ist er auch selbst an dieser Rettungsaktion beteiligt. Ohne Nis hätte die Rettung eventuell nicht stattgefunden und Uwe wäre ebenso wie sein Vater und der andere Bruder gestorben. Typisch für eine Ballade ist, dass nicht alles bis ins Einzelne dargestellt wird. So bleibt offen, wie genau die Männer Uwe retten. Außerdem wird nicht aufgeklärt, was Uwe in den drei Jahren gemacht hat und weshalb er nun in dieser Situation ist. Hinzufügen möchte ich noch wie stark der Gegensatz zwischen dem starken Sturm und Nis ruhigen Reaktion ist: Während der Sturm als laut und gewaltig beschrieben wird („Krachen und Heulen und berstende Nacht, / Dunkel und Flammen in rasender Jagd" Vers 1f.), spricht Nis ruhig und langsam („und ohne Hast / Spricht er" Vers 7f.; „Er weist nach dem Wrack und spricht gemach" Vers 17). Der Sturm scheint keinen Eindruck auf Nis zu machen. Mich selbst beeindruckt am meisten wie geschickt die Darstellung der Rettungsaktion ist. Die Wellen metaphorisch als Pferde darzustellen, gibt dem Sturm eine aktive Rolle. Es erweckt den Eindruck, als würden die Männer nicht gegen eine Naturgewalt, sondern einen lebendigen Feind ankämpfen. Nicht ganz verstanden habe ich allerdings, wie Uwe seit drei Jahren verschollen sein kann. Offensichtlich hat er es geschafft, ein Schiff zu finden, mit dem er heimsegeln kann. Hätte es dann nicht auch vorher eine Möglichkeit gegeben, einen Brief zu schicken?

Ein Gedicht mithilfe von Leitfragen untersuchen und erschließen, Seite 42–43:

Aufgabe 3:
Dieses Gefühl kenne ich auch. Eigentlich fühle ich mich ganz wohl in meinem Zimmer und in meinem Zuhause, denn ich habe ein Dach über dem Kopf, es ist warm und ich habe alles, was ich brauche. Auf der anderen Seite möchte ich aber gern auch einmal aus meiner gewohnten Umgebung ausbrechen und in andere Städte und Länder reisen, um zu sehen, wie es dort ist und wie es sich dort so lebt. Das wäre bestimmt sehr spannend.

Aufgabe 4:
In diesem Gedicht von Mascha Kaléko beschreibt ein lyrisches Ich das folgende Gefühl: Ganz egal, wo man ist, man wünscht sich immer, anderswo zu sein. Diese Sehnsucht nach dem Anderswo lässt sich nie stillen.

Aufgabe 5 und 6:
Das Gedicht von Mascha Kaléko handelt von der Sehnsucht nach dem Anderswo. In dieser Sehnsucht kommt

© Westermann Gruppe

zum Ausdruck, dass man – ganz gleich, wo man gerade ist – immer woanders sein möchte. Beschrieben wird dieser Wunsch von einem lyrischen Ich, das sich in der zweiten Strophe durch die *du*-Anrede (Vers 6) zu erkennen gibt.

Schon in der ersten Strophe beschreibt das lyrische Ich einen Gegensatz, um diese Sehnsucht zum Ausdruck zu bringen. Es befindet sich scheinbar in einem angenehmen Zuhause, wo im Spind (Schrank) die Äpfel duften und der Kessel im Feuer prasselt. Es ist also wohlig warm, es duftet lecker und man ist mit dem Nötigsten versorgt. Aber schon in den Versen 3 und 4 wird deutlich, dass dieses wohlige Zuhause nicht ausreicht, um den Wind, der draußen wie ein Vagabund um die Straßen und Häuser pfeift, zu überhören. Dieser „Vagabundenwind", der das unstete Leben liebt, wirkt nicht bedrohlich und ungemütlich. Vielmehr singt er von einem Abenteuer und klingt wohl eher wie ein Lockruf, der das lyrische Ich aus dem behaglichen Zuhause hinauszieht in die Welt der Ferne und unbekannten Orte. Dieser Aufforderungscharakter, dem Lied des Windes zu folgen und sich selbst ebenfalls auf den Weg zu machen nach einem Abenteuer, wird am Ende von Vers 4 durch das Ausrufezeichen besonders betont.

Aber so einfach, wie es scheint, ist die Lösung nicht. Davon erzählt das lyrische Ich in der zweiten Strophe. Denn würde man sich entscheiden, dem Lied des Vagabundenwindes zu folgen, dann wäre auch diese Entscheidung keine dauerhafte. Erneut würde sich die Sehnsucht nach dem Anderswo bemerkbar machen, weil man ihr nie entrinnen kann „Der Sehnsucht nach dem Anderswo / Kannst du wohl nie entrinnen" (Vers 5 und 6). Denn was passiert, wenn man draußen ist? Man sehnt sich nach drinnen „Nach drinnen, wenn du draußen bist, / Nach draußen, bist du drinnen" (Vers 7 und 8).

Das Hinsehnen und das darauffolgende Wegsehnen, das ja wieder ein erneutes Hinsehnen ist, spiegelt das Gedicht auch in seinen sprachlichen Gestaltungsmitteln wider. Beide Strophen leben inhaltlich von Gegensätzen. Die Sehnsucht nach etwas wird sehr anschaulich durch Nomen *(Äpfel, Kessel, Feuer, Vagabundenwind, Abenteuer)* und Verben *(duften, prasselt, pfeift, singt)* wiedergegeben. Drei der vier Verben in der ersten Strophe sind lautmalerisch und vermitteln unserem Hörsinn angenehme Klänge, das vierte Verb *(duften)* spricht unseren Riechsinn in sehr wohliger Weise an. Auch die Adverbien *drinnen* und *draußen* – sowohl in der ersten als auch in der zweiten Strophe – verdeutlichen die permanente Sehnsucht nach dem Anderswo sehr anschaulich durch ihre Gegensätzlichkeit.

Besonders eindrucksvoll aber ist es, wie die „Sehnsucht nach dem Anderswo" in der ersten Strophe durch sprachliche Bilder veranschaulicht und repräsentiert wird. Das Wort „Vagabundenwind" ist dafür eine wunderschöne Metapher, durch die diese Sehnsucht personifiziert und somit vermenschlicht wird. Dies ist kein Wind, der uns heulend um die Ohren fegt, sondern das ist ein Vagabund, der uns das Lied vom rastlosen Leben als Abenteuer vorsingt.

Wenn ich das Gedicht laut lese, dann empfinde ich die erste Strophe als ein wenig unruhig und bewegt. Sie ist im Rhythmus nicht ganz gleichmäßig gestaltet, aber das wiederum passt auch gut zu ihrem Inhalt. In den ersten beiden Versen bin ich Zuhause bzw. in der Nähe, und in den Versen 3 und 4 höre ich ja schon den Vagabundenwind mit seinem Lockruf in die Ferne. Klanglich abgerundet wird dieses Sehnen von der Nähe in die Ferne durch den Kreuzreim, der die Bewegung von drinnen nach draußen über Kreuz miteinander verbindet.

Die zweite Strophe wirkt auf mich etwas ruhiger und gleichmäßiger. Auch in dieser Strophe passt der Rhythmus gut zum Inhalt, denn hier kann ich beim Lesen die Erkenntnis oder Einsicht gewinnen, dass die „Sehnsucht nach dem Anderswo" immer da ist – ganz gleich, wo ich auch bin. In dieser Strophe wird weniger unser Gefühl angesprochen als vielmehr unser Verstand, mit dem wir uns diese Sehnsucht erklären können. Die mögliche Unruhe, die durch dieses Hin- und Hersehnen entstehen könnte, wird durch den gleichmäßigen Trochäus aufgefangen: Zweimal wechseln in der Strophe Verse mit vier betonten Silben (Vers 5 und 7) und drei betonten Silben (Vers 6 und 8) ab.

Ich deute das so, dass wir uns keine Sorgen darüber machen müssen, wenn wir manchmal gern woanders wären als dort, wo wir gerade sind. Wir brauchen uns davon nicht aus der Ruhe bringen zu lassen, auch wenn wir uns nicht immer einen rechten Reim darauf machen können. (Denn in der zweiten Strophe reimen nur Vers 6 und Vers 8 miteinander, während die Verse 5 und 7 nicht miteinander reimen.)

Mir gefällt dieses Gedicht von Mascha Kaléko. Ich fühle mich zwar sehr wohl dort, wo ich gerade bin. Aber ich weiß nun auch, dass es in Ordnung wäre, wenn ich mal etwas ganz anderes machen wollte oder wenn ich mal ganz irgendwo anders leben wollte.

Was mir aber ganz besonders gut gefallen hat, ist die Metapher vom „Vagabundenwind". Das Wort ist so richtig schön und neu für mich. Ich kann mir diesen „Kerl", der sich neugierig, rastlos und abenteuerlustig auf die Socken macht in die Ferne, sehr gut als Bild in meinem Kopf vorstellen. So jemanden würde ich gern einmal kennen lernen und ihn darüber befragen, wo überall auf der Welt er schon gewesen ist. Und ich würde gern wis-

© Westermann Gruppe

sen wollen, wohin es ihn denn als nächstes zieht. Vielleicht mache ich mich ja auch einmal auf den „Vagabundenweg“ – irgendwann. Aber zuerst einmal bleibe ich hier bei meinen Freunden und bei meiner Familie.

Ein Gedicht selbstständig mithilfe von Leitfragen interpretieren, Seite 44–45:

Aufgabe 2: Erster Eindruck und Anmutung:
Das Gedicht wirkt auf mich traurig und melancholisch. Das lyrische Ich ist genauso wie das Wetter in einer eher trüben Stimmung.

Thema / Inhalt:
Das Thema in Mascha Kalékos Gedicht „In den Regen“ ist ein verregneter Herbsttag samt der damit verbundenen Auswirkungen auf die Gefühle und Stimmung des lyrischen Ich.

Lyrisches Ich:
Das lyrische Ich gibt sich in der ersten Strophe durch die *du*-Anrede zu erkennen, in der zweiten und dritten Strophe spricht es dann direkt auch von sich selbst in der *ich*-Form.

Das Ich ist traurig und fühlt sich an einem verregneten Herbsttag ganz und gar verlassen. In dieser Situation stellt es vier Fragen an einen fiktiven Gesprächspartner. Es erkundigt sich, ob sich dieses *du* eventuell in einer ähnlichen Stimmung und Situation befindet. Gleichzeitig teilt es in Form dieser Fragen aber auch mit, dass es sich selbst sehr traurig, einsam und allein fühlt. Seine Grundhaltung der Jahreszeit „Herbst“ gegenüber ist so melancholisch, dass es sich am liebsten in den Winterschlaf versenken würde.

Form und Aufbau:
Das Gedicht besteht aus drei Strophen mit jeweils vier Versen.

In den beiden ersten Versen der ersten Strophe richtet das lyrische Ich seinen Blick zunächst von drinnen nach draußen und nimmt den Herbst mit seinem Nebel wahr („Vor nebelüberwölkten Fensterscheiben“, Vers 2). In den beiden letzten Versen dieser Strophe ist es selbst draußen unterwegs und geht „[…] verlassen durch den Park / Und lässt wie welkes Laub vom Wind [d]sich treiben …“.

In der zweiten Strophe beschreibt das Ich, was es zu Hause tut, um seine Melancholie zu überwinden: lange Brief schreiben (allerdings an den Papierkorb!) und darauf hoffen, dass jemand sich meldet und Kontakt zu ihm aufnimmt.

In der dritten Strophe zieht das Ich ein Resümee für sich selbst: Es gibt niemanden, der Kontakt mit ihm sucht oder aufnimmt; es gibt nur den Regen, der von den Fensterbänken tropft. Und: Es fühlt sich unendlich allein. Dieses Gefühl ist so übermächtig, dass es sich sehnlichst wünscht, seine Sumpfschildkröte zu sein, um sich wie sie in den Winterschlaf zu versenken.

Versmaß und Rhythmus:
Das Versmaß des Gedichtes ist ein fünfhebiger Jambus. Der Rhythmus ist eher ruhig. Enjambements gibt es in allen drei Strophen.

Klang:
In der ersten Strophe reimen die Verse 2 und 4 miteinander. In der zweiten Strophe liegt ein Kreuzreim vor (a–b–a–b), in der dritten Strophe ein umarmender Reim vor (a–b–b–a).

Gestaltungsmittel:
Die letzten beiden Verse (4 und 8) in den Strophen 1 und 2 enden offen. Das Wort „nebelüberwölkt“ in Vers 2 ist eine Wortneuschöpfung, die auf die Dichte und Masse des Nebels anspielt und damit die Trostlosigkeit des Herbstwetters betont.

Einen Gegensatz, der allerdings aufgelöst wird, findet man im Übergang von Strophe 2 zu Strophe 3. Die Hoffnung darauf, mit jemandem kommunizieren zu können, wird mit dem Gedankenstrich am Ende der zweiten Strophe bis zum Beginn der dritten Strophe aufrechterhalten – um dann aufgrund der Erkenntnis „Kein Laut“ (Vers 9) in pure Enttäuschung umzuschlagen. Das Einzige, das zu hören ist, ist der fortdauernde Regen.

Bilder:
Metaphern: „trauerst in den Herbst“ (Vers 1); „vom Wind dich treiben“ (Vers 4); „in tiefen Winterschlaf versenken“ (Vers 12)

Personifikationen: „müdem Lampenlicht“ (Vers 5); Papierkorb, der Briefe erhält (Vers 6)

Vergleiche: „wie welkes Laub“ (Vers 4); „Sumpfschildkröte“ (Vers 11)

Die Sprache des Gedichtes wendet sich in besonderem Maße an das Gefühl. Sie führt uns das trübe und feuchte Wetter, die Bedrücktheit, das Gefühl des Alleinseins und der Hilflosigkeit sehr deutlich vor Augen. Durch die direkt an das *du* gerichteten Fragen wird man als Leser oder Zuhörer unmittelbar in die Gefühlswelt des lyrischen Ich und in seine momentane Befindlichkeit einbezogen. Verstärkt wird diese Wirkung auch durch die Ansprache der verschiedenen Sinne: Man sieht mit dem lyrischen Ich aus einem Fenster; man spürt mit ihm den

© Westermann Gruppe

herbstlichen Wind; man horcht auf mögliche Stimmen und auf den Regen.

Wirkung und Deutung:
Das Gedicht berührt und schafft Nähe, weil man die Situation des lyrischen Ich gut nachempfinden kann. Es beschreibt anschaulich und aufrichtig, wie man sich beim Einsetzen des Herbstes samt all seiner witterungsbedingten Erscheinungen fühlen kann. Die kompromisslose Konsequenz, eine Sumpfschildkröte sein zu wollen, mag nicht auf jeden zutreffen, ist aber angesichts der empfundenen Einsamkeit und Verlassenheit nachvollziehbar.

Kaum ein anderes Bild als das des welken Laubes, das im Wind umhertreibt, beschreibt den Herbst treffender und führt uns nicht nur die Vergänglichkeit der Natur, sondern auch unsere eigene immer wieder deutlich vor Augen.

Das Bild der in den Winterschlaf absinkenden Sumpfschildkröte aber ruft auf besondere Weise unser Mitgefühl und Mitempfinden hervor. Das lyrische Ich möchte nun wirklich ganz und gar seine Ruhe haben, wie es scheint, und das Alleinsein in einen tiefen Schlaf umwandeln, der erst dann endet, wenn der Kreislauf des Lebens im Frühjahr von Neuem beginnt.

Würde ich das Gedicht jemandem vortragen, dann würde ich es nachdenklich, traurig, langsam und eher leise vortragen.

Die Vielschichtigkeit eines außergewöhnlichen Erzählgedichtes erschließen, Seite 46–47

Aufgabe 4:
Brecht verzichtet in seinen Gedichten stets auf die **Kommas** am Ende der Verse. So in Strophe 7:
... Ich bin nur Zollverwalter (kein Komma)
Doch wer wen besiegt, das interessiert auch mich.
Das Versende schien wohl Brecht als Hinweis für eine Lesepause ausreichend zu sein, sodass er auf das Komma verzichtete.
Die **Sprache** ist einfach, knapp, manche Sätze sind verkürzt. Strophe 7: *Hielt der Alte...*
Manche Ausdrücke umgangssprachlich. Strophe 11: *Und dann war's soweit.*
Der **Umgang** der Personen miteinander ist von Höflichkeit, Bescheidenheit, Respekt und Freundlichkeit bestimmt.

Aufgabe 5:
Siehe die Strophen 8, 10, 12.

Aufgabe 6:
Den *Knaben* muss man sich als eine Art Schüler oder Studenten vorstellen, der seinen Lehrer begleitet, der ihn und seine Gedanken und Schriften sehr gut kennt. Er kann dem Zöllner sogar die Sprüche seines Meisters erklären (Strophe 5). Der *Knabe* ist auch eine Art Sekretär, der aufschreiben kann, was sein Meister ihm diktiert (Strophe 8). Er bewegt ihn dazu, die Einladung des Zöllners anzunehmen (Strophe 10). Es ist sogar der *Knabe*, der dem Zöllner das Aufgeschriebene aushändigt (Strophe 12). Danach ziehen die beiden in großem Einverständnis miteinander weiter (Strophe 12).

Aufgabe 7:
Brechts Balladenerzähler spricht eine einfache Sprache – und seine Figuren tun das auch. Den längsten Satz spricht der eigentlich ungebildete Zöllner (Strophe 7 und 8), womit Brecht andeutet, dass auch einfache Menschen die Sprache beherrschen. Ansonsten wird in knappen Sätzen erzählt – und von den Figuren gesprochen und damit ein Ausgleich zwischen den Menschen gehobener und unterer Klasse geschaffen. Textstellen einer einfachen, knappen, oft lapidar hingesagten Spreche sind:
Strophe 2: *Weißbrot nach dem Augenmaß-*
Strophe 4: *„Kostbarkeiten zu verzollen?“ – „Keine.“ / „Er hat gelehrt.“ – Und so war auch das geklärt.*
Strophe 5: *„Hat er was rausgekriegt?“ / „Du verstehst, das Harte unterlieht.“*
Strophe 9: *Flickjoppe. Keine Schuh / Und er murmelte: „Auch du?“*
Strophe 10: *„Gut, ein kleiner Aufenthalt.“*
Strophe 11: *Und dann war's soweit.*

Aufgabe 8:
Natürlich geht es in dem Text in erster Linie um die Niederschrift der Lehren des *Laotse*. Doch ohne den *Zöllner*, der den Alten zum Aufschreiben angeregt hat, wäre eine Veröffentlichung nie zustande gekommen – jedenfalls der Legende nach. Der Zöllner ist der Initiator des Ganzen, der Gastgeber und Neugierige, dem *Laotse* den Gefallen tut, in sieben Tagen alle 81 Sprüche aufzuschreiben.

Der Erzähler der Ballade würdigt denn auch (Strophe 13) die herausragende Leistung des Zöllners, dem die Sprüche *Laotses* eigentlich zu verdanken sind.

Die kurze Frage „Auch du?“ drückt einen längeren Gedanken aus, etwa: Da bin ich doch sehr erstaunt darüber, dass *du* als einfacher Mann ein so großes Interes-

© Westermann Gruppe

se an philosophischen Gedanken hast und dass *du*, im Hinblick auf die politischen Verhältnisse, die gleichen Befürchtungen verspürst wie ich.

Aufgabe 9:
Form und Aufbau der Ballade sind außerordentlich originell. Dass eine Strophe fünf Verse hat (und nicht vier oder sechs) ist die eine Besonderheit. Das Reimschema a – b – a – b – b ist ein seltenes Schema in der deutschen Lyrik. Am originellsten ist die unterschiedliche Länge der Verse:
a: langer Vers: 5 bis 6 Hebungen (betonte Silben) mit unbetontem (weiblichen) Versende.
b: fünf Hebungen mit betontem (männlichen) Versende.
c: langer Vers: wie a: 5 bis 7 Hebungen.
d: wie b: 5 Hebungen.
e: kurzer abschließender Vers: 3 bis 4 Hebungen.
Versfuß ist der Trochäus: dámta, dámta, dámta, dámta, dámta / dámte, dámta, dámta, dámta, dám.
Der Trochäus verleiht diesem Gedicht Ruhe, Festigkeit, Bedächtigkeit und Entspanntheit. Da ist rhythmisch nichts Aufregendes drin, und das passt zum nachdenklichen Inhalt des Textes.

Wenn man die Schlussverse nacheinander vorliest, wird noch einmal deutlich, wie lapidar (kurz, knapp, treffend) und bescheiden hier gesprochen wird:
Und er gürtete den Schuh.
Und so war auch das geklärt.
Nun, das ist ein Wort?
Und er murmelte: „Auch du?“
Und dann war's soweit…

Aufgabe 10:
Für mich selbst ist dieses Gedicht ein Text, der auch etwas Wichtiges über das Lehrer-Schüler-Verhältnis aussagt. Der Lehrer *(Laotse)* lebt davon, dass er für seine Schüler nachdenkt, lernt und ihnen das Gelernte vermitteln darf. Dabei muss er ein Vertrauensverhältnis zu ihnen entwickeln und darf nicht nur an der Sache orientiert sein. Der Schüler *(Knabe, Zöllner)* muss neugierig sein und dem Lehrer etwas „abverlangen“, und er muss ebenfalls Vertrauen zum Lehrer entwickeln. Auf diese Weise werden beide Seiten motiviert, ihre Aufgaben zu einem Erfolg zu bringen.

Die Erkenntnis, dass das weiche *Wasser* den harten *Stein* verändert, lehrt uns, geduldig – aber auch ohne nachzulassen – miteinander umzugehen, wenn wir etwas verändern wollen.

Zentrale Motive einer literarischen Epoche untersuchen, Seite 48–50

Aufgabe 1 (mögliche Lösung)**:**
- Die Sprecherin befindet sich vor Gericht und muss sich gegen den Vorwurf, ‚Unzucht‘ betrieben zu haben, verteidigen.
- Die Sprecherin wirkt auf mich gefasst, kontrolliert, aber auch wütend. Ich gewinne den Eindruck, dass sie sich nicht für ihre Situation schämt und kein Problem damit hat. Außerdem wirkt sie wütend darüber, dass andere sich in ihr Leben einmischen. Das sieht man vor allem in der letzten Strophe.
- Die Sprecherin bezeichnet sich als „ein ehrlich Weib“ (V. 4). Das heißt, sie sieht sich als unschuldig.

Aufgabe 2 (mögliche Lösung)**:**
Mögliche Reaktion des Pfarrers:
- reagiert vermutlich belehrend und mahnt Buße an
- will helfen, damit sie wegen ihrer ‚Sünde‘ nicht im Leben nach dem Tod büßen muss
- könnte sie auch verdammen und auf die Hölle verweisen, die sie erwarten wird
- könnte z. B. sagen: „Ja, Gott weiß von der Unzucht, die Sie betrieben haben! Deshalb lasst uns helfen! Es ist noch nicht zu spät für eine Heirat. Wenn Sie uns doch nur den Namen Ihres Liebhabers nennen würden, so könnten wir Ihnen helfen. Sie müssen nicht in Sünde leben!“

Mögliche Reaktion des Amtmanns:
- reagiert vermutlich belehrend
- weist auf die rechtlichen Konsequenzen für Mutter und Kind hin
- weist eventuell auf Nachteile für das noch ungeborene Kind hin, wenn die Frau allein bleibt
- könnte z. B. sagen: „Denken Sie doch bitte auch an Ihr Kind, Fräulein X. Es wird es jetzt bereits sehr schwer haben in dieser Gemeinde. Wir wollen dem Kind doch nur helfen!“

Aufgabe 3 (mögliche Lösung)**:**
Mögliche Reaktion der damaligen Leserinnen und Leser:
- Entsetzen, Fremdschämen, Verurteilung der Frau
- könnten z. B. sagen: „Wie könnte sie das nur machen? Ob der Mann ihr versprochen hat, sie zu heiraten? Auf so etwas muss man ja auch erst mal reinfallen. Jetzt wird sie auf jeden Fall niemand mehr haben wollen. Das arme Kind, das wird vollkommen gebrandmarkt aufwachsen.“

© Westermann Gruppe

Mögliche Reaktion der heutigen Leserinnen und Leser:

- Verwunderung über die vergangene Situation von unverheirateten Frauen, z. B. könnten sie sich fragen: „War das damals wirklich strafbar?“
- Erleichterung darüber, dass Frauen heutzutage in Deutschland nicht mehr vor Gericht verantworten müssen, wenn sie Geschlechtsverkehr vor der Ehe haben und gegebenenfalls schwanger werden
- könnten z. B. sagen: „Ja, richtig so, die Männer haben dir nichts zu sagen! Die sollen sich mal nicht so anstellen. Die Frau wird schon klarkommen. Es gibt doch viele Menschen, die Kinder allein großziehen. Da wird diese Frau keine Ausnahme sein. Der Mann hätte ja auch im Krieg sterben können, dann wäre sie auch allein. Ich bin echt froh, dass das heute alles etwas anders ist. Lästereien und Kaffeeklatsch gibt es zwar auch heute noch bei solchen Situation, aber wenigstens muss niemand mehr wegen so etwas vor Gericht stehen.“

Aufgabe 4 (mögliche Lösung)**:**
„Mein Schatz ist lieb und gut, / Trägt er eine goldene Kett am Hals, / Trägt er einen strohernen Hut.“ (V. 6–8):

Der erste Vers zeigt, dass die Sprecherin ihren Partner als eine gute Person einschätzt. Sie wirft ihm keine Schuld für die Situation vor. Die anderen beiden Verse verdeutlichen, dass diese Einschätzung nichts damit zu tun hat, was der Mann beruflich macht: egal, ob er ein hohes Amt, z. B. Bürgermeister, inne hat (diese tragen für gewöhnlich goldene Ketten am Hals) oder ob er ein Bauer ist (diese tragen für gewöhnlich Strohhüte als Schutz gegen die Sonne). Die Stellung des Mannes ist unbedeutend für die Frau.

„Soll Spott und Hohn getragen sein, / Trag ich allein den Hohn.“ (V. 9–10):

Die Frau ist sich darüber bewusst, dass die anderen Menschen der Gemeinde sie verachten und über sie spotten werden. Würde sie verraten, wer ihr Partner war, dann würden beide Spott und Hohn gemeinsam ertragen müssen. Die Frau schützt allerdings ihren Partner und ist bereit, das Gerede der anderen Menschen allein zu ertragen.

Aufgabe 5 (mögliche Lösung)**:**
Das Gedicht besteht aus vier Strophen. Jede dieser Strophen hat vier Verse. Die Verse sind von unterschiedlicher Länge. Die einzige Konstante ist, dass der zweite Vers immer 6 Silben lang ist. Außerdem ist in den ersten beiden Strophen der erste Vers am längsten. Es reimen sich immer der zweite und der vierte Vers einer Strophe. Allerdings handelt es sich in der dritten Strophe (Hohn – davon) um einen unreinen Reim da die Vokale von unterschiedlicher Quantität sind (d. h. das ‚o‘ in Hohn wird länger gesprochen als in davon). Der erste und dritte Vers haben keine Reimpartner in der gleichen Strophe. Der erste Vers der ersten Strophe und der erste Vers der zweiten Strophe enden beide auf ‚nicht‘. Dort handelt es sich um eine Wortwiederholung: „das sag ich euch nicht.“ Die anderen ersten und dritten Verse sind alle Waisen (d. h. sie reimen sich auch nicht auf das Endwort eines anderen Verses im gesamten Gedicht). Generell werden in dem Gedicht die grammatikalischen Regeln des Satzbaus eingehalten. Vers 3 und 4 stechen dabei allerdings heraus. In Vers 3 wird gesprochene Rede in den Satz eingebaut. In Vers 4 fehlt das Subjekt ‚Ich‘. Neben der bereits erwähnten Wortwiederholung in Vers 1 und 5, gibt es außerdem die Wortwiederholung am Anfang der Verse 7 und 8. Es handelt sich beide diesen Versen sowohl um einen Parallelismus (d. h. sie haben die gleiche Wortreihenfolge: Prädikat, Subjekt, Objekt) als auch um eine Anapher (beide Verse fangen mit den gleichen Worten ‚Trägt er‘ an). Diese beiden Verse sind außerdem beinahe parallel zu Vers 10: „Trag ich allein den Hohn.“ Der einzige Unterschied ist das Adverb ‚allein‘ in Vers 10, welches zwischen dem Subjekt ‚ich‘ und dem Objekt ‚den Hohn‘ steht. Einen weiteren Parallelismus gibt es in Vers 15: „Es ist mein Kind, es bleibt mein Kind.“ Die Wortwiederholung in diesem Vers unterstreicht den Parallelismus und hebt die Prädikate hervor. Der Parallelismus ist in diesem Fall auch ein Klimax: das ‚ist‘ wird zu ‚bleibt‘ gesteigert. Einen ähnlichen Parallelismus gibt es auch in Vers 11: „Ich kenn ihn wohl, er kennt mich wohl.“ Das Vertauschen davon, wer Subjekt und wer Objekt ist, in diesem Parallelismus hebt hervor das beide Partner einander gleichermaßen kennen.

Aufgabe 6 (mögliche Lösung)**:**

- Vers 4: „Bin doch ein ehrlich Weib.“: Das lyrische Ich bezeichnet sich selbst als ‚ehrliche Frau‘. Damit suggeriert das lyrische Ich, dass es keine Straftat (oder Sünde) begangen hat. Die Verteidigung ist in diesem Fall das Anzweifeln, dass überhaupt ein Straftatbestand besteht.
- Vers 11–12: „Ich kenn ihn wohl, er kennt mich wohl, / Und Gott weiß auch davon.“: Das lyrische Ich hebt hervor, dass es seinen Partner kennt und der Partner auch es kennt. Damit verdeutlich das lyrische Ich, dass alles einvernehmlich geschehen ist. Der Partner hat sich ebenso wenig einer Straftat schuldig gemacht wie das lyrische Ich. Der Zusatz „Und Gott weiß auch davon“ zeigt außerdem, dass das lyrische Ich und sein Partner keine Sünde begangen haben. Gott wird hier wie ein Beobachter, der dem Geschehen stumm

© Westermann Gruppe

zugestimmt hat, vorgestellt. Dadurch suggeriert das lyrische Ich, dass wenn jemand sie anklagt, diese Person ebenfalls Gott anklagt und Gottes Urteil in Frage stellt. Die Verteidigung ist somit, dass Gott bereits geurteilt hat und da Gott in der christlichen Religion der höchste Richter ist, würde ein Anzweifeln von Gottes Urteil einer Straftat bzw. Sünde gleichkommen.

- Vers 13–16: „Herr Pfarrer und Herr Amtmann ihr, / Ich bitt, lasst mich in Ruh! / Es ist mein Kind, es bleibt mein Kind, / Ihr gebt mir ja nichts dazu.“: In dieser Strophe hebt das lyrische Ich hervor, dass es nicht nur allein für seine Situation, sondern auch das Großziehen des Kindes verantwortlich ist. Es argumentiert somit damit, dass nur jene, die sich bei der Erziehung des Kindes beteiligen werden und das lyrische Ich dahingehend unterstützen, auch ein Urteil über die Situation fällen dürfen. Die Verteidigung ist somit, dass das Leben des lyrischen Ichs nichts mit dem Pfarrer oder Amtmann zu tun hat und sie deshalb das lyrische Ich in Ruhe lassen sollten.

Aufgabe 7 (mögliche Lösung)**:**
Meiner Meinung nach handelt es sich bei dem Gedicht sowohl um eine Anklage als auch um eine Verteidigung. Das lyrische Ich erklärt und damit verteidigt seine Entscheidung, den Namen des Partners nicht zu verraten. Gleichzeitig klagt das lyrische Ich auch an. In der ersten Strophe klagt das lyrische Ich die allgemeine Gesellschaft an: „Pfui! Speit ihr aus: die Hure da! – / Bin doch ein ehrlich Weib.“ (Vers 3–4)

Durch Vers 4 deutet das lyrische Ich an, dass die Worte der Allgemeinheit sowohl Rufmord als auch Verleumdung sind. Außerdem klagt das lyrische Ich zwei Herren, „Herr Pfarrer und Herr Amtmann“ (Vers 13), an. Das lyrische Ich wirft ihnen vor, sich in Dinge einzumischen, die sie nichts angehen. Dadurch dass in dem Gedicht sowohl Anklage als auch Verteidigung sind, spiegelt das Gedicht seinen Titel „Vor Gericht“ wider. Denn vor Gericht sind ebenfalls immer Anklage und Verteidigung zu sehen. Außerdem wird der Titel dadurch doppeldeutig, denn es ist nicht mehr klar, wer nun vor Gericht steht: die Frau, die Gesellschaft oder nur die beiden Herren.

Aufgabe 8 (mögliche Lösung)**:**
Das Gedicht „Vor Gericht“ von Johann Wolfgang von Goethe ist 1774 entstanden. Es wurde von dem Prozess und der Hinrichtung der Kindsmörderin Susanna Brandt inspiriert. Das Gedicht ist in der ersten Person Singular verfasst. Das lyrische Ich stellt hierbei eine Frau dar, die außerehelichen Geschlechtsverkehr hatte und nun schwanger ist.

Das Gedicht besteht aus vier Strophen. Jede dieser Strophen hat vier Verse. Soweit scheint der Aufbau sehr symmetrisch zu sein. Allerdings sind die Verse von unterschiedlicher Länge. Die einzige Konstante ist, dass der zweite Vers immer 6 Silben lang ist. Die Verslänge bricht somit mit der Symmetrie der Strophenlänge.

Die Symmetrie wird auch dadurch gestört, dass das Gedicht hautsächlich im Jambus (unbetonte, betonte Silbe) gehalten ist, aber sich in den Versen 1, 5, 7 und 16 auch Anapäst finden (unbetonte, unbetonte, betonte Silbe). Das Reimschema ist wiederum symmetrischer: Es reimen sich immer der zweite und der vierte Vers einer Strophe. Allerdings handelt es sich in der dritten Strophe (Hohn – davon) um einen unreinen Reim. Die Vokale sind dort von unterschiedlicher Quantität (d. h. das ‚o‘ in Hohn wird länger gesprochen als in davon). Der erste und dritte Vers haben keine Reimpartner in der gleichen Strophe. Der erste Vers der ersten Strophe und der erste Vers der zweiten Strophe enden allerdings beide auf ‚nicht‘. Dort handelt es sich um eine Wortwiederholung: „das sag ich euch nicht.“ Die anderen ersten und dritten Verse sind alle Waisen (d. h. sie reimen sich auch nicht auf das Endwort eines anderen Verses im gesamten Gedicht). Der Gegensatz zwischen Symmetrie und Asymmetrie im Aufbau des Gedichts spiegelt die beiden Seiten der Verhandlung dar: Tradition und der Bruch mit der Tradition.

Das Gedicht stellt die Verteidigung des lyrischen Ichs vor Gericht dar. Das lyrische Ich gibt drei Argumente für seine Verteidigung dar. In Vers 4 bezeichnet das lyrische Ich sich selbst als ‚ehrliche Frau‘. Damit suggeriert das lyrische Ich, dass es keine Straftat (oder Sünde) begangen hat. Die Verteidigung ist in diesem Fall das Anzweifeln, dass überhaupt ein Straftatbestand besteht. In Vers 11 und 12 hebt das lyrische Ich außerdem hervor: „Ich kenn ihn wohl, er kennt mich wohl, / Und Gott weiß auch davon.“ Das lyrische Ich kennt seinen Partner und der Partner kennt es auch. Das Argument wird dadurch unterstrichen, dass es sich hierbei um einen Parallelismus handelt. Das Vertauschen davon, wer Subjekt und wer Objekt ist, hebt in diesem Parallelismus hervor, dass beide Partner einander gleichermaßen kennen. Damit verdeutlicht das lyrische Ich, dass alles einvernehmlich geschehen ist. Der Partner hat sich ebenso wenig einer Straftat schuldig gemacht wie das lyrische Ich. Der Zusatz „Und Gott weiß auch davon“ zeigt außerdem, dass das lyrische Ich und sein Partner keine Sünde begangen haben. Gott wird hier wie ein Beobachter, der dem Geschehen stumm zugestimmt hat, vorgestellt. Dadurch suggeriert das lyrische Ich, dass wenn jemand es anklagt, diese Person ebenfalls Gott anklagt und Gottes Urteil in Frage stellt. Die Verteidigung ist somit, dass

© Westermann Gruppe

Gott bereits geurteilt hat und da Gott in der christlichen Religion der höchste Richter ist, würde ein anzweifeln Gottes Urteils einer Straftat bzw. Sünde gleichkommen.

In der letzten Strophe dreht das lyrische Ich die Anklage um: „Herr Pfarrer und Herr Amtmann ihr, / Ich bitt, lasst mich in Ruh! / Es ist mein Kind, es bleibt mein Kind, / Ihr gebt mir ja nichts dazu." Das lyrische Ich hebt hervor, dass es nicht nur allein für seine Situation, sondern auch das Großziehen des Kindes verantwortlich ist. Es argumentiert somit damit, dass nur jene, die sich bei der Erziehung des Kindes beteiligen und das lyrische Ich dahingehend unterstützen, auch ein Urteil über die Situation fällen dürfen. Die Verteidigung ist somit, dass das Leben des lyrischen Ichs nichts mit dem Pfarrer oder Amtmann zu tun hat und sie deshalb das lyrische Ich in Ruhe lassen sollten. Erneut wird das Argument durch einen Parallelismus unterstrichen: „Es ist mein Kind, es bleibt mein Kind." Die Wortwiederholung in diesem Vers unterstreicht den Parallelismus und hebt die Prädikate hervor. Es handelt sich hierbei um einen verstärkenden Parallelismus, der hier auch als Klimax funktioniert. Die Steigerung von ‚ist' zu ‚bleibt' hebt hervor, dass es sich nicht nur um eine momentane Situation der Frau handelt, sondern dass es eine langfristige Situation ist: Das Kind gehört zur Frau und sie wird sich darum kümmern.

Dass es sich bei dem lyrischen Ich um eine starke und unabhängige Frau handelt wird auch in den Versen 9 und 10 deutlich: „Soll Spott und Hohn getragen sein, / Trag ich allein den Hohn." Die Frau ist sich darüber bewusst, dass die anderen Menschen der Gemeinde sie verachten und über sie spotten werden. Würde sie verraten, wer ihr Partner war, dann würden beide Spott und Hohn gemeinsam ertragen müssen. Die Frau schützt allerdings ihren Partner und ist bereit, das Gerede der anderen Menschen allein zu ertragen. Der Grund weshalb sie ihren Partner schützt, scheint in den Versen 6 bis 8 zu stecken: „Mein Schatz ist lieb und gut, / Trägt er eine goldene Kett am Hals, / Trägt er einen strohernen Hut." Der erste Vers zeigt, dass die Sprecherin ihren Partner als eine gute Person einschätzt. Sie wirft ihm keine Schuld für die Situation vor, deshalb ist sie auch bereit, ihn nicht dem öffentlichen Spott auszusetzen. Die anderen beiden Verse verdeutlichen, dass diese Einschätzung nichts damit zu tun hat, was der Mann beruflich macht: egal, ob er ein hohes Amt, z. B. Bürgermeister, inne hat (diese tragen für gewöhnlich goldene Ketten am Hals) oder ob er ein Bauer ist (diese tragen für gewöhnlich Strohhüte als Schutz gegen die Sonne). Die Stellung des Mannes ist unbedeutend für die Frau.

Von besonderem Interesse ist außerdem die Wortwahl in Vers 5: „Mit wem ich mich traute, das sag ich euch nicht." Das Wort ‚trauen' meint für gewöhnlich, dass zwei Menschen heiraten. Das steht im starken Gegensatz zur Anklage: dem lyrischen Ich wird vorgeworfen, ‚Unzucht' betrieben zu haben. Das heißt, sie soll Geschlechtsverkehr außerhalb der Ehe gehabt haben. Durch das Wort ‚trauen' bringt das lyrische Ich die Anklage ins Schwanken, denn wenn sie sich eventuell heimlich mit ihrem Partner ‚getraut' hat, dann wäre der Geschlechtsverkehr keine ‚Unzucht' mehr und die Frau aus rechtlicher und religiöser Sicht unschuldig. Diese Argumentation wird außerdem durch Vers 12 gestützt: „Und Gott weiß auch davon." Der höchste Richter der christlichen Religion ist somit in das Geheimnis eingeweiht. Das lyrische Ich dreht die Anklage somit durch verschiedene sprachliche Mittel um, denn theoretisch müssten die anderen nun erst einmal zeigen, dass überhaupt ‚Unzucht' vorlag.

Auch auf andere Weise klagt das lyrische Ich an. In der ersten Strophe klagt das lyrische Ich die allgemeine Gesellschaft an: „Pfui! Speit ihr aus: die Hure da! – / Bin doch ein ehrlich Weib." (Vers 3–4) Durch Vers 4 suggeriert das lyrische Ich, dass die Worte der Allgemeinheit sowohl Rufmord als auch Verleumdung sind. In der letzten Strophe klagt das lyrische Ich zwei Herren, „Herr Pfarrer und Herr Amtmann" (Vers 13), an. Das lyrische Ich wirft ihnen vor, sich in Dinge einzumischen, die sie nichts angehen. Gleichzeitig erklärt und damit verteidigt das lyrische Ich seine Entscheidung, den Namen des Partners nicht zu verraten. Außerdem verteidigt es sich selbst in Vers 4. Daher bin ich der Meinung, dass es sich bei dem Gedicht sowohl um eine Anklage als auch eine Verteidigung handelt. Dadurch wird der Titel „Vor Gericht" doppeldeutig. Es ist nicht mehr klar, wer nun vor Gericht steht: die Frau, die Gesellschaft oder der Pfarrer und der Amtsmann.

Durch diese Doppeldeutigkeit des Titels entspricht das Gedicht genau der Epoche, in der es entstanden ist: dem Sturm und Drang. Die Epoche ist dadurch gekennzeichnet alte, überholte und oft als verlogen empfundene Moralvorstellungen in Frage zu stellen und damit zu brechen. Vor Gericht stehen somit die verbreiteten Moralvorstellungen, die vom Sturm und Drang – in Person des lyrischen Ichs – angeklagt werden.

Sich in die Gefühle literarischer Figuren hineinversetzen, Seite 51–53:

Aufgabe 1:

Beim Auslaufen seines Motorschiffes „Willem" schaut der Leichtmatrose Piet Oppenkouter mit vom Deck des Schiffes aus mit ruhigem Blick am Ufer entlang und entdeckt auf einem Zementsockel ein Mädchen in einem grünen Kleid. Plötzlich bemerkt er, dass das Mädchen winkt und – da außer ihm niemand sonst an Deck ist –

© Westermann Gruppe

dass dieses Winken wohl ihm gilt. Bis dahin hatte ihm allein noch nie jemand so ausdrücklich zugewinkt – und so winkt Piet Oppenkouter zurück.

Aufgabe 2:
„Er sah sie in dem grünen Kleid auf dem Zementsockel stehen, ein paar hundert Meter entfernt, und er sah ihr nachdenkliches, nie zu Ende gehendes Winken und hatte sich genug versichert, daß es nur ihm galt." (Zeile 28–31)

Aufgabe 3:
„Und dann brachte sie ein Auftrag wieder in diesen Hafen zurück, und obwohl er Freiwache hatte und auf Vorrat schlafen mußte, stand er wieder auf dem Achterdeck neben dem Flaggenstock und blickte voraus. Dann kam die letzte Biegung des Stroms und er legte sich weit über die Reling vor Ungeduld, um den Zementsockel auszumachen. Es war Mittag, als sie die Werften passierten und zwischen ihnen, auf dem Zementsockel, entdeckte er das Mädchen wieder: Es stand starr und seltsam feierlich auf dem Sockel, ohne zu winken. Es blickte nur herüber zum Schiff und der Junge an der Reling starrte betroffen zu ihr hin." (Zeile 32–40)

Aufgabe 4:
Piet Oppenkouter beobachtet, dass das Mädchen **reglos** zu einem Passagierdampfer **blickt, ohne sich zu bewegen** und **ohne zu winken**. Erst als **sein Schiff** auf der Höhe des Mädchens ist, **beginnt sie zu winken** – noch bevor Piet selbst seine Hand zum Winken gehoben hat. **„Und jetzt wußte er, daß das Winken ihm galt, ihm allein, dem rothaarigen Leichtmatrosen Piet Oppenkouter**." (Zeile 49–51)

„Und sein Schiff fuhr die Küsten Europas entlang, Wochen und Monate, und wenn er zurückkam in diesen Hafen, stand das Mädchen da und winkte, winkte ihm allein. Und **wo immer er war, dachte er an sie und wann immer sie Order erhielten, diesen Hafen anzulaufen, bereitete er sich auf das Ereignis des Winkens vor: Ihm war zumute, als ob er heimkäme**, obwohl er das Mädchen nie gesehen hatte. **Er gab ihm einen Namen**, während er unterwegs war, **er setzte sich hin während der Freiwache und schrieb Briefe**, die niemals die erreichten, der sie zugedacht waren – und jedesmal, wenn er sie am Ufer gesehen hatte, forschte und grübelte er, woher sie das Datum ihres Einlaufens erfahren hatte." (Zeile 52–60)

Aufgabe 5:
„Die Besatzung nahm Urlaub. Und der Junge ging an den Werften vorbei, gemächlich und versonnen, er ging allein die Straße hinauf, die ein Stück neben dem Strom lief, und dann fand er den großen schrägen, unvergeßlichen Zementsockel." (Zeile 62–65)

Piet hat nie vergessen, das das Mädchen <u>ihm allein</u> zugewinkt hat. Nur ihm allein. Wenn er an das Mädchen denkt, dann ist das für ihn wie heimkommen, so sehr fühlt er sich mit ihr verbunden. Das Mädchen ist in Gedanken bereits seine Heimat geworden. Wenn er an sie denkt, dann fühlt er sich wohl. Und wenn er jetzt den Weg zum ziegelroten Haus hinaufgeht, dann ist das für ihn wie ein Nachhausekommen – ganz selbstverständlich. Sie haben bisher zueinandergefunden – und so werden sie sich ganz sicher auch viel zu erzählen und viel zu fragen haben.

Das Mädchen scheint eine Behinderung zu haben, denn im Text heißt es: „Und auf einmal öffnete sich die Tür, der Spalt wuchs, und er sah zuerst eine Krücke mit einem Gummiabsatz und dann eine Hand und schließlich das Mädchen." (Zeile 73–74) Vielleicht ist sie deshalb etwas unsicher, ängstlich und traurig, weil sie nicht weiß, wie Piet darauf reagieren wird.

Aufgabe 6:
Piet **nimmt das das Lächeln des Mädchens auf** und **geht <u>nicht</u> zurück**.

„Sie stand blaß und leicht mit traurigem Lächeln vor ihm, und als er das Lächeln aufnahm und nicht zurückging und stehenblieb, sagte sie: „Der Tee ist noch warm, wir wollen hineingehen." Und er nickte und ging hinein." (Zeile 75–78)

Die beiden wissen aufgrund ihrer „Begegnungen" und Gesten zwischen Schiff und Ufer, dass sie zueinandergehören, dass sie einander vertrauen können und dass sie immer füreinander da sein werden.

Die Handlungsmotive einer literarischen Figur nachvollziehen, Seite 54–55:

Aufgabe 2:
Fietscher:
- Hauptperson
- Metzgerlehrling, erster Arbeitstag
- will den Beruf eigentlich gar nicht erlernen
- wollte lieber zur See fahren – darf nicht
- hat Angst davor, das Schwein zu schlachten
- hat Angst davor, das Schwein zu schlachten
- denkt darüber nach, wie das Schwein sterben wird
- fühlt sich unwohl in seiner Situation
- verkraftet das Töten des Tieres zunächst nicht
- kehrt aber zurück und fügt sich in sein Schicksal
- hat Gewehr vergessen

© Westermann Gruppe

- soll deshalb das Schwein mit einer Axt selbst totschlagen
- wird blass und es würgt ihn im Hals
- er kann das Schwein zunächst nicht töten
- bekommt einen Schlag und fällt hin – umarmt beim Fallen das Schwein
- tötet das Schwein mit einem Schlag
- Schlag brummt in seinen Ohren nach
- ist benommen und kriegt nichts mit
- soll den Schweinekopf in die Küche bringen – wirft ihn stattdessen von einer Brücke auf einen vorbeifahrenden Kahn auf dem Neckar
- Brummen in seinem Köpf hört auf
- steckt Prügel ein, ohne zu weinen oder sich zu erklären
- ist zufrieden darüber, dass der Schweinekopf nun auf einem Kahn davonfährt

Aufgabe 3 (mögliche Lösung)**:**
Fietscher wollte gerne zur See fahren. Das tut nun der Schweinekopf an seiner Stelle. Der Lehrling ist erschrocken über sich selbst und über seinen zukünftigen Beruf als Metzger, aber er kann nicht mehr zurück. Um seine „Schuld", die für einen Metzger zum Berufsalltag gehört, zu sühnen, schickt er den Schweinekopf anstelle seiner selbst auf Reisen. Dem Kopf des Schweines widerfährt nun die Freiheit, die sich Fietscher immer für sich selbst erhofft und gewünscht hatte. Fietscher schließt mit dieser Tat wohl mit seinem Traum ab und fügt sich in sein Schicksal als Metzger.

Aufgabe 4 (mögliche Lösung):
Mich hat die Figur „Fietscher" in der Kurzgeschichte „Die Metzgerlehre" von Leonie Ossowski sehr beeindruckt. Fietscher ist als Berufsanfänger ja noch sehr jung – aber der traut sich richtig was. Als er zum Töten des Schweins angehalten wird, beugt er sich nach anfänglichem Weigern schließlich der Anweisung des Metzgers und führt den tödlichen Schlag gegen das Tier aus. Aber mit der anschließenden Aktion, wenigstens den Kopf des Schweines aus der nun einsetzenden Kette der Fleischverarbeitung zu befreien, bittet er das Tier symbolisch um Entschuldigung und schenkt ihm gleichsam so seine Freiheit und damit auch seine Würde zurück. Der junge Man weiß, dass er diese Aktion wird bezahlen müssen, als er zum Metzger zurückgeht. Aber das nimmt er „ohne Mucken und Tränen" (Zeile 57) in Kauf. In diesem Moment ist Fietscher erwachsen geworden. Er übernimmt nun selbst die Verantwortung und trägt die Konsequenzen für sein Tun und legt dafür niemandem gegenüber Rechenschaft ab. Das ist in meinen Augen höchst mutig und zeugt von einer großen Stärke, die in ihm wohnt.

Ich denke, Fietscher braucht nun keinen Vormund mehr. Er selbst entscheidet ab diesem Moment darüber, was für ihn wichtig ist, und steht voll und ganz dafür ein – ohne Wenn und Aber.

Die Bedeutung eines Symbols in einem Text erkennen und deuten, Seite 56–58

Aufgabe 2 (mögliche Lösung)**:**
Die ehemalige Verlobte, die ihren Bräutigam nie vergessen hat, erfährt erst im hohen Alter, dass er im Schacht des Bergwerks verunglückt ist. Das war bis zu diesem Zeitpunkt (1809) auch den anderen Bergleuten offenbar nicht bekannt. Nun ist die quälende Ungewissheit über das Schicksal ihres Liebsten endlich beseitigt, da sie durch das Auffinden seines Leichnams doch noch zu Lebzeiten (wenn auch nur kurz vor ihrem eigenen Tod) erfährt, was ihm damals zugestoßen ist. Da sie sich nun endlich auch richtig von ihm verabschieden kann, erlebt die alte Dame die späte Rückkehr des Geliebten „mehr mit freudigem Entzücken als mit Schmerz" (Zeile 36).

Aufgabe 3 (mögliche Lösung)**:**
Die lange Zeit, in der die Braut ihren Verlobten nie vergessen konnte, nutzt Hebel zur Vermittlung wesentlicher politischer Ereignisse, die damals Interesse geweckt und zum Teil sogar die Welt bewegt und verändert haben. Damit will er vor allem deutlich machen, dass das Denken an einen geliebten Menschen über so viele Jahre und Jahrzehnte hinweg eine sehr große Liebe voraussetzt und beweist. Die historischen Beispiele in den Zeilen 14–25 belegen, dass es sich hierbei um einen Zeitraum von über fünfzig Jahren handelt.

Dass Hebel die historische Reihenfolge der Ereignisse nicht exakt einhält, spielt keine wesentliche Rolle. Entscheidend ist, dass der Zeitraum von 1755 bis 1806/07 fixiert ist. Durch die Auswahl dieser geschichtlichen Ereignisse wird auf besondere Weise der Lauf der Zeit und der lange Zeitraum von über fünfzig Jahren widergespiegelt: Es sterben drei Kaiser und eine Kaiserin, mehrere Kriege finden statt und es gibt tiefgreifende politische Veränderungen – und auf der anderen Seite vergisst eine junge Braut ihren geliebten Bräutigam während dieser vielen Jahre nicht für einen Tag.

Aufgabe 4 (mögliche Lösung)**:**
Im Anschluss an diese historische Übersicht macht Hebel auf die Arbeit der Ackerleute, der Müller, der Schmiede und der Bergleute aufmerksam (Zeile 23–25) und

© Westermann Gruppe

meint damit schließlich alle Menschen, die die Lebensgrundlagen für die Bevölkerung und die Herrschenden überhaupt erst erschaffen und die das Leben durch ihre Arbeit – auch wenn sie weniger Beachtung finden als die großen historische Persönlichkeiten – im stetigen Fluss halten. Sie waren und sind über den langen Zeitraum hinweg ohne Unterbrechung aktiv, sie werden immer gebraucht, auch wenn sie hier pauschal erwähnt werden. Hebel nennt sie hier ganz bewusst, um sie nicht zu vergessen und um zu verdeutlichen, dass auch die großen geschichtlichen Entwicklungen und Ereignisse nicht ohne sie auskommen könnten.

Die Braut ist natürlich während der fünfzig Jahre wie alle anderen Menschen ihrer Umgebung immer einer Arbeit nachgegangen. Direkt trauern konnte sie nicht, weil das Schicksal ihres Verlobten nicht genau bekannt war. Es wurde ja damals kein Leichnam gefunden. Ihr Alter, ihr Aussehen und ihre körperliche Verfassung (*„Grau und zusammengeschrumpft kam sie an einer Krücke [...]“*; Zeile 35) offenbaren jedoch den Lauf der Zeit. Sie ist nicht mehr die *„junge hübsche Braut“* (Zeile 2) *„mit holdem Lächeln“* (Zeile 4–5). Sie ist gealtert, aber ihre Liebe ist über diese sehr lange Zeit erhalten geblieben, sodass *„in ihrer Brust nach 50 Jahren die Flamme der jugendlichen Liebe noch einmal erwachte“* (Zeile 43–44). Ihre alltägliche Arbeit und ihre Mitmenschen haben ihr den Halt und die Kraft gegeben, an ihrer Liebe festzuhalten und dennoch ihr eigenes Leben weiterzuführen.

Aufgabe 5 (mögliche Lösung)**:**
Die letzten Sätze der Verlobten am Grabe ihres Bräutigams zeigen in anrührender Weise die religiöse Grundhaltung dieser Frau. Die ehemalige Braut ist davon überzeugt, dass sie ihrem Geliebten bald folgen wird: *„Ich habe nur noch wenig zu tun und komme bald, und bald wird's wieder Tag.“* (Zeile 53–54). Da sie ihn *„einmal“* wiederbekommen hat, wird sie ihn auch *„zum zweiten Mal“* (Zeile 54–55) wiederbekommen: Im Grab und in der Ewigkeit im Himmel werden sie endlich wieder miteinander vereint sein.

Lösung zu Aufgabe 6 (mögliche Lösung)**:**
Das schwarz-rote Halstuch symbolisiert die Liebe der Braut zu ihrem Bergmann, dessen schwarze Kleidung ein Zeichen der Ehre und des Stolzes seines Berufstandes, aber zugleich auch *„sein Totenkleid“* (Zeile 10) ist. Auf den alljährlichen Bergparaden in vielen Gebieten Deutschlands, auch in solchen, wo kein Bergbau mehr betrieben wird, zeugt der Habit der Bergleute von ihrem Stolz und der Verbundenheit mit ihrer gefährlichen Arbeit, die allerdings für das Wohl der Menschen unerlässlich war.

Dieses schwarz-rote Halstuch, das die Braut ihrem Bräutigam zum Hochzeitstag näht, steht in dieser Geschichte als Symbol für die Liebe, die ein ganzes Leben lang hält.

Die sprachlichen Gestaltungsmittel einer Erzählung untersuchen, Seite 59–63

Aufgabe 2:
(Textauszug: Zeile 27–45)
Er ging durch den **sterbenden Wald**. Er schnitt Zeichen in die Bäume.
Er kam an eine Sandrinne. Die **war ein Bach gewesen**.
Er lief über einen schwarz staubenden Platz. Der **war eine Wiese gewesen**.
Er lief zwei Stunden. Dann fing die Sandheide an. Auf einem Stein lag eine **Kreuzotter; sie war verdorrt**. Das **Heidekraut staubte**.
Später kam er an einen unbestellten Acker. Darauf auch in ein **Dorf; das war tot**.
Der Mann setzte sich auf eine Wagendeichsel. Er schlief ein. Im Schlaf fiel er herunter. Als er aufwachte, hatte er Durst; sein Gaumen brannte.
Er stand auf, taumelte in ein Haus. In dem Haus war es **kahl**. Die **Schublade war aus dem Tisch gerissen** und **lag auf der Erde**. Die **Töpfe waren zerschlagen; auch die Fenster**. Auf der Ofenbank lag ein Tuch. In das Tuch war ein halbes Brot eingebunden; es war hart.
Der Mann nahm es und ging. **In** den anderen **Häusern fand er nichts; auch kein Wasser**.
In den **Brunnen lag Aas**.
Von dem Brot wagte er nichts abzubrechen. Er wollte es der Frau aufheben.
Feldfrüchte fand er nicht. Auch **Tiere gab es nicht mehr**; nur tote Katzen, **einige Hühner**. **Sie westen**.
Ein Gewitter hing in der Luft.
Auf dem Feld zertrat der Mann eine **Eidechse**.
Sie zerfiel in Staub.

(Textauszug: Zeile 43–61)
Ein **Gewitter hing in der Luft**.
Auf dem Feld zertrat der Mann eine Eidechse.
Sie zerfiel in Staub.
Es **donnerte**. Vor dem Wald standen **Glutwände**.
Er ging vornübergebeugt. Das Brot trug er unter dem Arm. Schweiß troff ihm in den Bart. Seine Fußsohlen brannten.
Er lief schneller. Er kniff die Augen zusammen. Er sah in den Himmel.
Der Himmel war **schweflig**; es **blitzte. Nachtwolken** kamen.

© Westermann Gruppe

Die **Sonne verschwand**.
Der Mann lief schneller. Er hatte das Brot in den Hemdausschnitt geschoben, er presste den Ellbogen dagegen.
Wind kam, **Tropfen fielen**. Sie **knallten** wie Erbsen **auf** den **dörrenden Boden**.
Der Mann rannte.
Das Brot, dachte er, das Brot. Aber der **Regen war schneller**. Weit vor dem Wald holte er den Mann ein.
Blitze zerrissen den Himmel. Es **goss**.
Der Mann drückte die Arme gegen das Brot. Es klebte.
Der Mann fluchte.
Doch der **Regen nahm zu**. Der **Wald** vorn und das Dorf hinten waren **wie weggewischt**. **Dunstfahnen flappten** über die Heide. In den Sand **gruben sich Bäche**.

Aufgabe 3:
(Textauszug: Zeile 38–70)
Der Mann **nahm es** und **ging**. In den anderen Häusern fand er nichts; auch kein Wasser.
In den Brunnen lag Aas.
Von dem Brot wagte er nichts abzubrechen. Er wollte es der Frau aufheben.
Feldfrüchte fand er nicht. Auch Tiere gab es nicht mehr; nur tote Katzen, einige Hühner. Sie westen.
Ein Gewitter hing in der Luft.
Auf dem Feld zertrat der Mann eine Eidechse.
Sie zerfiel in Staub.
Es donnerte. Vor dem Wald standen Glutwände.
Er **ging vornübergebeugt**. Das **Brot trug er unter dem Arm**. Schweiß troff ihm in den Bart. Seine Fußsohlen brannten.
Er **lief schneller**. Er kniff die Augen zusammen. Er sah in den Himmel.
Der Himmel war schweflig; es blitzte. Nachtwolken kamen.
Die Sonne verschwand.
Der Mann **lief schneller**. Er **hatte das Brot in den Hemdausschnitt geschoben**, er **presste den Ellbogen dagegen**.
Wind kam, Tropfen fielen. Sie knallten wie Erbsen auf den dörrenden Boden.
Der **Mann rannte**.
Das Brot, dachte er, das Brot. Aber der Regen war schneller. Weit vor dem Wald holte er den Mann ein.
Blitze zerrissen den Himmel. Es goss.
Der Mann **drückte die Arme gegen das Brot**. Es klebte.
Der Mann fluchte.

Doch der Regen nahm zu. Der Wald vorn und das Dorf hinten waren wie weggewischt. Dunstfahnen flappten über die Heide. In den Sand gruben sich Bäche.

Der Mann **blieb stehen**; er keuchte. Er **stand vornübergebeugt**. Das Brot hing ihm im Hemd. Er wagte nicht, es anzufassen. Es war weich; es trieb auf; es blätterte ab.

Er dachte an die Frau, an das Kind. Er knirschte mit den Zähnen. Er **verkrampfte die Hände**. **Die Oberarme presste er eng an den Leib**. So glaubte er, es besser schützen zu können.

Ich muss mich mehr über es beugen, dachte er; ich muss ihm ein Dach machen mit meiner Brust. Er darf's mir nicht schlucken, der Regen; er darf nicht. **Er kniete sich hin. Er neigte sich über die Knie**. Der Regen rauschte; nicht zehn Schritte weit konnte man sehen.

Aufgabe 4:
Der Mann ist physisch so sehr geschwächt, dass der Hunger übermächtig wird und die totale Oberhand über sein Denken und Handeln gewinnt. Der Mann nimmt sich vor zu warten (Zeile74), und gleichzeitig weiß er doch, dass er sich selbst belügt (Zeile76). Der Hunger zehrt an ihm, er nagt an ihm, er tut ihm weh, er bestimmt mehr und mehr sein Denken und Handeln. Auch für den Mann ist dieser Zustand ein existenzieller Kampf. Und dann muss er auch noch machtlos zusehen, wie der Regen das kostbare Brot Krümel für Krümel vor seinen Augen auflöst und wegspült: „Eben noch war es geschwollen, das Brot, jetzt nahm es ab; Stück um Stück, und zerrann." (Zeile 80–81) Damit werden auch seine moralischen Grundsätze und Verpflichtungen für eine Familie fortgespült, denn kurze Zeit später sagt er sich selbst: „Wenn ich es jetzt nicht esse, geht es kaputt, ich bleibe schlapp, Wenn ich es jetzt nicht esse, geht es kaputt, ich bleibe schlapp, und wir gehen alle drei vor die Hunde. Ess ich es aber, bin wenigstens ich wieder bei Kräften." (Zeile 84–85) Er sagt sich diese Worte **gegen** seine Verantwortung und gegen seine Überzeugung. Er sagt sich diese Worte laut; er muss sie sich laut sagen, denn es gibt andere (leise) Stimmen, die ihm wohl sagen: Tu es nicht! Dein Kind und deine Frau brauchen das Brot. Ohne dieses Brot werden sie sterben.

Er macht sich schuldig seiner kleinen Familie gegenüber, und er will dieser Schuld mit dem oben zitierten Satz entkommen. Aber das wird ihm nicht gelingen, und das weiß er in seinem tiefsten Inneren bestimmt auch. Er hat aus großer Verzweiflung einen tragischen Entschluss gefasst, von dem er sich nie mehr wird entlasten können.

Aufgabe 5:
Ob die Frau ahnt, dass der Mann doch etwas zu essen hatte, lässt sich nicht sicher sagen. Aber an ihrer Gestik (Sie wandte sich ab. Zeile 118) erkennt man ihre Hoffnungslosigkeit. Vielleicht fühlt sie auch bereits, dass ihr Kind keine Kraft mehr zum Leben hat und dass es bald

© Westermann Gruppe

sterben wird – denn es schreit ja nicht einmal mehr. Ob ihre Frage „Schläfst du?" (Zeile 124) ein Signal war, dass sie darüber mit ihrem Man sprechen wollte? Aber da der Mann schweigt, schweigt auch sie.

Als das Kind dann gestorben ist, legt sich die Frau hin und rührt sich nicht. Sie wirkt wie versteinert. Auch ihren Mann hat sie nicht geweckt, sodass sie nicht einmal die Trauer und die Verzweiflung über den Tod des Kindes miteinander teilen können. Es gibt keine Liebe mehr, keine Nähe, keinen Trost. Auch dafür reichen die Kräfte des Paares nicht mehr. Beide sind für sich allein – absolut allein und einsam. Vielleicht stellt die Frau diese Frage zum Schluss ja, weil der Mann den Tod des Kindes sicher auch nicht hätte abwenden können. Aber wenn der Tod eines Babys die Eltern nicht mehr näher zusammenrückt, dann macht das ganz Leben keinen Sinn mehr – dann ist selbst das Gefühl der Trauer und Verzweiflung gestorben – und Hoffnung ist nicht in Sicht.

Multiple-Choice – Für Einstellungstests üben, Seite 64–65

Aufgabe 1
1. C anstiften
2. B unfreundlich
3. D Fahrzeug
4. B Achtung, E Respekt
5. C verschwenden, D verprassen
6. A geheimnisvoll, E rätselhaft

Aufgabe 2
1 C hell
2. E zunehmen
3. D Feindschaft
4. B bitter, E sauer
5. A glücken, D gelingen
6. A keine, C niemand

Aufgabe 3
1. B flüstern
2. D gelacht
3. E Torte
4. D Anwältin
5 C Fetthenne

Aufgabe 4
1. A sich ungeschickt benehmen
2. B einen Streit austragen
3. B etwas auf sich beruhen lassen
4. A einem Irrtum unterliegen
5 B jemanden kontrolliert

Aufgabe 5
Rechtschreibfehler: F
5 Fehler: *ist <u>das</u> aber* *<u>Demnach</u>* *beim <u>Lernen</u>* *<u>Wissenschaftler</u>* *<u>während</u> der Pausen*
Kommafehler: D
3 Fehler: Unterlass, bis achtest, Übungsphasen Gehirn findet

Training für die Abschlussprüfung I: Texte lesen – Aufgaben gezielt lösen, Seite 66–71

Aufgabe 1 (Lösungsbeispiel):
Auf der Karikatur von Scharwel sieht man eine Lehrer-Schüler-Situation. Vorn links steht der Lehrer mit einem roten Buch in der Hand, das seine drei Schüler lesen sollen. Die Schüler hocken wie die sprichwörtlichen drei Affen, die nichts hören, sehen und sagen, auf der Erde und reagieren ablehnend. Der Erste hält sich die Ohren zu und sagt, er wolle sich vielleicht ein Hörbuch holen. Der Mittlere hält sich die Augen zu und will auf den Film warten. Der Dritte hält sich den Mund zu und behauptet, er habe das Buch auf dem Handy, und hält dieses zum Beweis in die Höhe.

Aufgabe 2 (Lösungsbeispiel):
Die Karikatur kritisiert mit Witz und Ironie die Leseunlust vieler Schüler/Schülerinnen/Leute. Er macht sich lustig über ihre wenig glaubhaften, aber „kreativen" Ausreden.

Aufgabe 3
- Die große Mehrheit der Befragten (81 %) liest gedruckte Bücher.
- Etwa jeder Dritte liest digitale Bücher (E-Books).
- Weder gedruckte noch digitale Bücher lesen 16 Prozent der Befragten.
- Die meisten E-Book-Leserinnen und Leser sind zwischen 16 und 29 Jahre alt.
- Mit zunehmendem Alter nimmt der Anteil der E-Book User/Userinnen ab.

Aufgabe 4 (Lösungsbeispiel):
Ich finde es zwar schade, dass 16 Prozent der Befragten überhaupt keine Bücher lesen, weil ich selbst sehr gern Bücher lese. Aber überraschend finde ich dieses Ergebnis nicht. Denn wenn ich mich so an meinen Freundes- und Bekanntenkreis denke, lesen einige zwar Zeitschriften oder Blogs im Internet, aber „freiwillig" würden sie kein Buch in die Hand nehmen.

© Westermann Gruppe

Aufgabe 5:

Ein E-Book bietet viele Vorteile: einstellbare Schriftgrößen, integrierte Wörterbücher, die Suchfunktion für markierte Textstellen – und nicht zuletzt ein geringer Ressourcenverbrauch. Der größte Vorteil von E-Books ist für die meisten User/Userinnen aber, dass sie neuen Lesestoff schnell beziehen können und ihnen die digitalen Bücher jederzeit und überall zur Verfügung stehen. An Gewicht und Platz zu sparen, sind weitere Gründe für E-Books. Geschätzt werden auch Funktionen wie Übersetzen, Notizenmachen oder Markieren sowie die große Anzahl an kostenlosen E-Books.

Aufgabe 6

	ja	nein
a) 2020 haben E-Books neue Fans gewonnen.	x	
b) E-Book-Reader sind besonders augenfreundlich.	x	
c) Besonders junge Leute lesen E-Books auf dem Tablet.		x
d) User können ihren Lesestand auf mehreren Geräten synchronisieren.		
e) E-Books sind beliebter als Bücher aus Papier.		x
f) E-Reader und Smartphone sind die meistgenutzten Lesegeräte für E-Books.	x	

Aufgabe 7 (Lösungsbeispiel)**:**

A Eine Erinnerung an eine tolle Reise
B Freiheit aufgeben – „nee danke"
C Wertvolle Optionslosigkeit
D Eine Chance auf Beständigkeit
E Ein schönes Buch – mehr als nur Konsum

Aufgabe 8 (Lösungsbeispiele)**:**

C Die Optionslosigkeit eines Buches ist sehr wertvoll: Lesen. Weiterblättern. Lesen. Kein „Oh, ich probier' schnell mal ein anderes, bei Millionen Büchern gibt es bestimmt noch ein besseres." – Nur das Buch und ich!

D Klar: Als Reiseblogger bin ich mit den Vorteilen moderner Geräte und des Internets vertraut. Doch Digitales vergeht so schnell, dass es mir beinahe unheimlich ist. Erst wenn jemand sich die Mühe macht, etwas in die analoge Welt zu bringen, hat es die Chance auf eine gewisse Beständigkeit. Inhalte bekommen in einem Buch etwas Verbindliches – viel mehr als Blogartikel es je sein kann.

E Gehaltvolle Ideen gehören in ein Buch, denn erst da können sie richtig wirken. Ein schönes Buch ist für mich mehr, als nur Inhalte zu konsumieren. Genauso, wie man einen feinen Rotwein aus einem Glas trinkt und nicht aus einem Plastikbecher, genauso wichtig ist mir, ein Buch in der Hand zu fühlen, das Papier, die im Detail passende Gestaltung. Etwas Schönes sehen, berühren, Freude daran haben: So geht es mir mit schönen Büchern.

Aufgabe 9 (Lösungsbeispiel)**:**

„Hach, denke ich, das war eine tolle Reise." (Zeile 4–5)
„Ein schönes Buch ist für mich mehr, als nur Inhalte zu konsumieren." (Zeile 22–23)

Aufgabe 10 (Lösungsbeispiel)**:**

Die Kurzgeschichte „Das letzte Buch" von Marie Luise Kaschnitz spielt in einer fiktiven Zukunft. Ein Kind kommt von einem Schulausflug nach Hause und erzählt vermutlich der Mutter, dass es in einem Museum das letzte Buch in einer Glasvitrine gesehen habe. Die Mutter reagiert erschrocken, aber das Kind ist froh, als es im neuen plastischen Fernsehen einen Tierfilm sehen kann.

Aufgabe 11 (Lösungsbeispiel):

Metapher/Personifikation: „Der trübe Fluss schmatzte, …" (Zeile 13)
rhetorische Frage: „Was kann da schon drinstehen, murmelte es, in so einem Buch." (Zeile 14–15)

Aufgabe 12 (mögliche Lösungen)**:**

- offener Anfang
- wenige Figuren, nicht ausführlich beschrieben
- (problematische) Alltagssituation
- zentraler Gegenstand
- eng begrenzter Ort
- keine Nebenhandlung
- sachlicher Erzählstil
- offener Schluss

Aufgabe 13 (mögliche Lösungen)**:**

„Beim Essen, Kochen, Würzen / ein Buch kann nicht abstürzen" (Vers 11–12)
„Und nicht mehr kompatibel / – marsch in den Abfallkübel" (Vers 17–18)
„Schön lesbar und beguckbar / so stehn sie unverruckbar" (Vers 29–30)

Aufgabe 14 (mögliche Lösungen)**:**

- Bücher kann man einfach dabeihaben.
- Man kann sie einfach aufschlagen und sofort lesen.
- Bücher können überall gelesen werden.

© Westermann Gruppe

- Elektronische Geräte müssen gestartet werden (Wartezeit).
- Elektronische Geräte brauchen Strom.
- Elektronische Geräte können abstürzen.
- Elektronische Geräte veralten schnell.
- Elektronische Geräte sind unnütz, wenn sie nicht mehr kompatibel sind, und werden entsorgt.
- Bücher halten lange, man kann sie auch noch in 100 Jahren und länger lesen.

Training für die Abschlussprüfung II: Zwei Aufgaben zur Wahl, Seite 72–74

Wahlaufgabe 1 (Lösungsbeispiele für 1 a–e)**:**

Haben Bücher eine Zukunft oder lesen wir bald nur noch digital?

a) Haben Bücher keine Zukunft mehr, lesen wir alle bald nur noch digital? Auf diese Frage gibt der Karikaturist Scharwel eine eindeutige Antwort. Auf der Karikatur sieht man einen Lehrer, der seine Schüler dazu bewegen will, ein Buch zu lesen. Diese hocken in der Pose der drei Affen, die nichts hören, sehen und sagen, auf dem Boden und wollen vor allem eines nicht – nämlich ein Buch lesen. Haben Bücher also wirklich keine Zukunft? Was sagen Umfragen dazu?

b) In einer Studie von BITKOM-Research aus dem Pandemie-Jahr 2020 wurde die Frage gestellt: „Lesen Sie zumindest hin und wieder gedruckte Bücher oder E-Books?" Mit „Ja, ich lese Bücher", antworteten rund vier Fünftel der Befragten. Etwa ein Drittel gab an, E-Books zu lesen. Und ein Sechstel antwortete „Nein, ich lese weder Bücher noch E-Books." Vor allem zeigt die Umfrage, dass eine große Mehrheit der Menschen Bücher, und zwar gedruckte Bücher liest. Die E-Book-Nutzer/Nutzerinnen sind in der Minderzahl – und die meisten von ihnen lesen vermutlich außer E-Books auch gedruckte Bücher. Dr. Bernhard Rohleder vom Digitalverband Bitkom fasst das Ergebnis der Umfrage so zusammen: „In der Corona-Krise haben E-Books neue Fans gewonnen. Wenn gewohnte Freizeitaktivitäten wegfallen, bleibt mehr Zeit zum Lesen – und Ausprobieren. Aber das gedruckte Buch lässt sich vom E-Book nicht verdrängen." (Bitkom: Text 3, Zeile 2–6)

Dass das Aus von gedruckten Büchern nicht unmittelbar bevorsteht, ist ein erfreuliches Ergebnis, wie ich finde. Meiner Meinung nach ist es aber bedenklich, dass jeder Sechste nie ein Buch liest, weder ein gedrucktes noch ein E-Book, weder privat noch beruflich.

c) Auch das Leseverhalten der E-Book-Leserinnen und -Leser wurde 2020 in der BITKOM-Umfrage untersucht. Als Lesegeräte werden vor allem E-Reader und Smartphones genutzt, gefolgt von Tablets, Laptops und stationären Computern. Besonders die Synchronisationsfunktion verändert das Leseverhalten. Sie ermöglicht, dass man dasselbe Buch bequem auf mehreren Geräten lesen kann. „So kann man zum Beispiel auf der Fahrt zur Arbeit auf dem Smartphone genau dort weiterlesen. wo man am Abend zuvor auf einem anderen Gerät aufgehört hat." (Bitkom: Text 3, Zeile 12–14)

d) E-Books verändern also die Art, wie wir lesen. Denn gegenüber den traditionellen Büchern haben sie einige unbestreitbare Vorzüge. Aus meiner Sicht spricht vor allem für E-Books, dass sie nichts wiegen. Deshalb sind sie besonders praktisch, wenn man unterwegs ist. So kann man ohne große Schlepperei und ganz bequem seine Lieblingsbücher mit auf die Reise nehmen. Außerdem kann man jederzeit neuen Lesestoff beziehen. Zum Bei-spiel liebt meine Schwester Fantasy-Romane und kaum hat sie einen ausgelesen, lädt sie sich den nächsten aufs Smartphone und kann ohne Wartezeit weiterlesen. Viele E-Books, deren Copyright abgelaufen ist, gibt es kostenlos im Internet. Auf diese Weise habe ich zum Beispiel in den letzten Ferien mehrere Sherlock-Holmes-Romane gelesen.

Aber es gibt auch viele Gründe, lieber „richtige" Bücher zu lesen. Einige mögen keine Computer oder die E-Reader sind ihnen zu teuer. Andere lesen nur ungern auf einem Monitor, weil sie das unangenehm und anstrengend finden. Der wichtigste Grund aber, warum so viele Leser/Leserinnen – und auch ich – den traditionellen Büchern treu bleiben, ist die sinnliche Wahrnehmung beim Lesen. Ein Buch fasst man an, spürt sein Gewicht, fühlt und riecht das Papier, den Einband und hört beim Umblättern das Rascheln der Seiten. Und man kann es ansehen, wenn es im Regal steht, und sich an dem schönen Anblick erfreuen. Dagegen ist ein E-Book nur eine Datei, die man schnell runterlädt und schnell auch wieder löscht. Der Reiseblogger Johannes Klaus erklärt seine Vorliebe für schöne Bücher folgendermaßen: „Gehaltvolle Ideen gehören in ein Buch, denn erst da können sie richtig wirken. Ein schönes Buch ist für mich mehr, als nur Inhalte zu konsumieren." (Text 4, Abschnitt E Zeile 21–23) Er fährt fort, dass für ihn wichtig sei „ein Buch in der Hand zu fühlen, das Papier, die im Detail passende Gestaltung." (Text 4, Abschnitt E, Zeile 24–25)

e) Am Ende meiner Überlegungen komme ich zu dem Fazit, dass in Zukunft der Anteil der E-Books deutlich wachsen wird. Vermutlich werden sie sich multimedi-

© Westermann Gruppe

al weiterentwickeln und ihren Lesern/Leserinnen noch mehr Funktonen bieten. Aber ich bin auch der Überzeugung, dass gedruckte Bücher trotzdem längst nicht „out" sind. Sie bieten ein Leseerlebnis ganz anderer Art und werden ein fester Bestandteil unserer Kultur bleiben. Ich denke, mir geht es wie vielen Jugendlichen: Ich lese vor allem gerne „echte" Bücher, aber ich möchte auch nicht auf E-Books verzichten. Für mich stehen die beiden nicht in Konkurrenz, sondern sie ergänzen sich. Und es wäre doch schön, wenn E-Books dazu beitragen könnten, dass mehr gelesen wird.

Wahlaufgabe 2 (Lösungsbeispiele für 2 a–d):

Welche Zukunft hat das Buch?

a) Hallo, ihr lieben Lesenden, geht es euch auch so wie mir? Immer öfter lese ich am Smartphone statt in einem Buch. Da kann man sich schon Gedanken machen, ob Bücher vielleicht bald ganz aus unserem Leben verschwinden – oder ob sie auch in Zukunft ihren Platz behalten werden. Deshalb möchte ich euch heute zwei interessante Texte vorstellen, die sich mit diesem Thema beschäftigen.

b) Der erste Text ist die Kurzgeschichte „Das letzte Buch" von Marie Luise Kaschnitz aus dem Jahr 1970. Erzählt wird die Geschichte aus der Perspektive eines Ich-Erzählers, vermutlich einem Vater oder einer Mutter. Die Handlung spielt in einer fiktiven Zukunft, in der die Menschen keine Bücher mehr besitzen. Es geht um ein Kind, das von einem Schulausflug kommt und erzählt, es habe im Museum das letzte Buch gesehen. Daraufhin muss der Ich-Erzähler „Unwillkürlich" (Zeile 2) auf die leere, weiße Wohnzimmerwand blicken. Früher standen dort viele Bücherregale, jetzt dient die Wand als Projektionsfläche fürs Fernsehen. Erschrocken fragt er das Kind nach der Art und dem Inhalt des Buches. Doch das weiß keine Antwort: „Wir durften es nicht anfassen. Es liegt unter Glas." (Zeile 9) Das Bedauern des Ich-Erzählers hört das Kind schon nicht mehr, denn da hat es bereits das Fernsehen angestellt.

Das Verhalten des Kindes erkläre ich mir so: Das Kind kennt keine Bücher mehr, es hat nie welche gelesen. Deshalb kann es auch mit dem Buch im Museum nichts anfangen, es ist ihm gleichgültig: „Eben ein Buch, sagte das Kind." (Zeile 6) Sein Medium ist „das neue plastische Fernsehen" (Zeile 5). Als es entzückt auf der großen, bebenden Wand eine Szene mit riesigen Elefanten betrachtet, murmelt es vor sich hin: „Was kann da schon drinstehen, ..., in so einem Buch." (Zeile 14–15).

Der Ich-Erzähler dagegen gehört zu den älteren Menschen, die noch „richtige" Bücher gelesen haben. Vielleicht erschrickt er, weil er ganz vergessen oder verdrängt hat, wie gern er früher Bücher gelesen hat. Und der Blick auf die öde weiße Wand macht ihm klar, wie sehr er das vermisst und dass das Kind wohl nie ein Buch lesen wird.

Offen bleibt für mich, warum es dort überhaupt keine Bücher mehr gibt. Sind sie vielleicht verboten – oder sind die Menschen von anderen Medien so fasziniert, dass sie die Bücher vergessen haben?

Sprachlich auffällig finde ich den Verzicht auf Anführungszeichen bei der wörtlichen Rede und den sachlich Erzählstil, der fast ohne sprachliche Bilder auskommt. Erst am Schluss, als es um die Fernsehszene geht, wird die Sprache anschaulicher: „Der trübe Fluss schmatzte, die eingeborenen Treiber schrien ..." (Zeile 13).

c) Ganz anders wirkt dagegen der zweite Text, das Gedicht „Das Buch" von Robert Gernhardt. Gleich in der ersten Strophe wird festgestellt: „Ums Buch ist mir nicht bange. / Das Buch hält sich noch lange." (Vers 1–2) Humorvoll schildert das Gedicht dann die Vorzüge von Büchern gegenüber Computern: „Beim Fliegen, Fahren, Gehen – / ein Buch bleibt niemals stehen. Beim Essen, Kochen, Würzen / ein Buch kann nicht abstürzen." (Vers 11–12) Es warnt ausdrücklich vor technischen Medien: „Die meisten andren Medien / tun sich von selbst erledigen. Kaum sind sie eingeschaltet, / heißts schon: Die sind veraltet!" (Vers 15–16) Und es wird empfohlen, klüger zu sein und sich an Bücher zu halten, denn „Das Buch wird nicht veralten." (Vers 34)

Immer zwei Verse bilden eine Strophe und reimen sich paarig. Manche Verse klingen etwas holprig. Das unterstreicht den unterhaltsamen Charakter des Gedichtes. Hinter dem Witz erkenne ich aber auch ernsthafte Kritik an den neuen Medien und den Nutzern/Nutzerinnen, die so kritiklos damit umgehen.

d) Beide Texte finde ich sehr beeindruckend. Die Kurzgeschichte von Marie Luise Kaschnitz macht mich traurig, wenn ich mir vorstelle, ich müsste in einer Welt ohne Bücher leben. Und es ist beängstigend, wie aktuell diese Geschichte heute ist, obwohl sie bereits vor über 50 Jahren geschrieben wurde. Robert Gernhardts Gedicht hat mich dagegen mit seiner Zuversicht froh gemacht hat, dass es noch in 100 Jahren und noch länger Bücher geben wird. Ich denke, es liegt ganz in unserer Hand, ob Bücher eine Zukunft haben werden oder nicht. Wir alle entscheiden doch darüber mit unserem Verhalten. Also, liebe Leute, lest nicht nur auf E-Reader, Tablet oder Smartphone. Bitte, greift auch zu Büchern. Es gibt schließlich auch viele Möglichkeiten, Bücher auszuleihen oder zu tauschen. Freut euch über die schönen Bü-

© Westermann Gruppe

cher im Regal daheim oder in der Bibliothek und bleibt ihnen treu!

Rechtschreibung und Zeichensetzung, Seite 75–86

Seite 75:
Bei spontanem Schreiben denkt man zuerst an das, was man sagen will und nicht an das richtige Rechtschreiben. Wer aber an andere schreibt, sollte richtig schreiben. Richtiges Schreiben ist eine Sache der Höflichkeit. Wer einen Text liest und vieles Falsche darin findet, ärgert sich über den Schreiber. Nach dem Schreiben sollte man den Text noch einmal aufmerksam durchlesen. Bei genauerem Durchlesen findet man meistens auch Fehler. Natürlich sollte man die dann auch wirklich berichtigen. In zweifelhaften Fällen braucht man dazu ein Wörterbuch. Das kluge Berichtigen fördert dann auch das Rechtschreiben. Doch das richtige Großschreiben von vielen Wörtern unserer Sprache zu erlernen, ist nicht leicht. Man konnte es aber im Deutschen gut regeln. Doch die vielen Regeln muss man sich merken. Die wichtigste von ihnen habt ihr auf dieser Seite gelernt. Hoffentlich könnt ihr sie in euren Köpfen gut speichern. Denn auf das richtige Speichern kommt es an!

Seite 76:
Was macht uns glücklich?
Seit 2012 wird in jedem Jahr der „Weltglücksbericht" vorgestellt. Darin wird erhoben, in welchen Ländern die glücklichsten Menschen der Welt leben.

Was aber macht Menschen glücklich? Wir würden wohl sofort einige handfeste Merkmale für glückliches Leben nennen können wie die kleinen Alltagsfreuden, eine gute Gesundheit, ein großes Vertrauen in unsere Regierung usw.

Das richtige Messen, ob Menschen ein glückliches Empfinden haben, geschieht mit bestimmten Kriterien wie Freiheit, Fürsorge, Großzügigkeit, Ehrlichkeit, Gesundheit, Einkommen und eine gute Regierung. Dabei kommt es auf individuelles Wahrnehmen dieser Kriterien an. Die Befragten müssen also angemessen beurteilen, ob sie sich wirklich frei fühlen, ob ihnen ein ausreichendes Einkommen zur Verfügung steht, ob für ein gesundes Leben gesorgt ist usw.

Die Menschen unserer Welt beantworten diese Frage auf sehr unterschiedliche Weise. Dabei konnten seit Jahren die skandinavischen Länder gut abschneiden. Finnland konnte sich 2020 auf Rang 1 sicher platzieren. Das erneute Platzieren von Deutschland auf Rang 17 zeigt deutlich, dass die Deutschen viel weniger zufrieden sind als viele ihrer europäischen Nachbarn. Das ist zwar schlecht im europäischen Vergleich, aber angesichts der 156 befragten Länder doch ein noch zufriedenstellendes Abschneiden.

Seite 77:

Aufgabe 1:
Kurze Sätze
Ich habe kürzlich etwas Interessantes gelesen:
Die Sätze in unserer Sprache werden zum Glück immer kürzer.
Beim Sprechen verwenden wir sowieso meistens kurze Sätze.
Doch wenn wir schreiben, sind unsere Sätze oft ziemlich lang.
Und beim Lesen von Büchern findet man manchmal Sätze über eine halbe Seite.
Heute bestimmen Facebook, Twitter und WhatsApp unser Schreiben.
In diesen Medien fasst man sich im Allgemeinen sehr kurz.
Auch in Zeitungen sind die Sätze im Großen und Ganzen heute kürzer.
Ich meine, das ist für uns alle zum Vorteil.
Das Umformen langer Sätze in kurze Sätze ist ja meistens gut möglich.
Wichtig ist doch vor allem, dass man verstehen kann, was gemeint ist.
Das ist auf jeden Fall meine Meinung.
Ob sie für alles, was wir schreiben, auch stimmt?
Absolut sicher bin ich mir nicht.

Aufgabe 2:
Das fiktive Ich in der Ballade ist ein „Zauberlehrling".
Ich bin ich, und du bist du.
Die Erzählerin redet ihre Leser mit vertrautem Du an.
Sag doch nicht immer wenn und aber!
Dein ewiges Wenn und Aber geht mir auf die Nerven.

Seite 78:

Aufgabe 1:
Ich habe mich entschlossen, heute zur Schule mit dem Rad zu fahren.
Doch auf halber Strecke bin ich liegen geblieben.
Ich hatte mir nämlich einen Platten gefahren.
Ich war also dazu verurteilt, warten zu müssen.
Mit dem Handy bat ich meine Mutter, mich in die Schule zu fahren.

© Westermann Gruppe

Sie sagte aber, dass sie nicht kommen kann.
Also entschloss ich mich zum Fahrradschieben.
Das war kein Spazierengehen,
sondern, weil es gefroren hatte, eine Art Eislaufen.
Natürlich konnte ich an der ersten Stunde nicht mehr teilnehmen.
Die Lehrerin fragte dann: „Du hast dir wohl einen Platten gefahren?"
Ich sagte: „Nein, einen Platten geschoben!"
Und fügte hinzu: „Aber deshalb werde ich nicht sitzenbleiben."
Nächstes Mal werde ich jedenfalls wieder Schulbus fahren.
Beim Radfahren hat man einfach zu viel Pech.
Es ist viel sicherer Bus zu fahren.
Da hat man mit dem Zuspätkommen kein Problem.
Noch besser wäre es Auto zu fahren.
Doch dafür ist meine Mutter selten zu gewinnen.

Seite 79:

Aufgabe 1:
Die beiden Autos sind aufeinandergestoßen.
Sie haben sich ineinander verkeilt.
Die beiden sind gut miteinander ausgekommen.
Werra und Fulda sieht man zur Weser ineinanderfließen.
Die Mannschaften sind gegeneinander angetreten.
Wir können den schweren Stein nur zusammen tragen.
Er hat viele Informationen fürs Referat zusammengetragen.
Um die Fahrt zu besprechen, müssen wir uns zusammensetzen.
Die beiden Mädchen hatten vor, sich zusammen zu setzen.
Sie lud ihn ein, in ihrem Auto mitzufahren.
Die beiden Schwestern konnten nicht miteinander auskommen.
Der Klebstoff hat die Papierseiten gut zusammengehalten.
Wir nahmen uns vor, gegen die Gegner gut zusammenzuhalten.
Wir beide müssen die Leiter ganz fest zusammen halten.
Mein Vater hat es geschafft, rückwärts einzuparken.
Wir sind noch einmal mit viel Glück davongekommen.
Das ist davon gekommen, dass wir durchgehalten haben.

Aufgabe 2:
Wir entschlossen uns, am Mittwoch zusammenzukommen.
Bei unserer Zusammenkunft wollten wir feiern.
Dabei wollten wir auch zusammen singen.

Seite 80:
Aufgabe 1 und 2:
Sie ärgerte sich, dass sie verloren hatte.
Sie fand ihr Geld wieder, das sie verloren hatte.

Aufgabe 3:
Sie kommt zu spät zum Frühstück, das sie verschlafen hat.
Sie ärgert sich darüber, dass sie verschlafen hat.
Sie freut sich darauf, dass sie morgen einkaufen wird.
Sie freut sich auf das Kleid, das sie morgen einkaufen wird.
Sie holte sich ein Brötchen, das sie mit gutem Appetit aß.
Sie war nach ihrer Krankheit froh darüber, dass sie mit gutem Appetit aß.
Man lachte über darüber, dass sich der Junge Kind unter dem Tisch versteckt hatte.
Er fand das Stück Schokolade wieder, das er unter dem Tisch versteckt hatte.

Aufgabe 4:
Ein Kind soll sich in das Auto setzen, das am Straßenrand steht. Das Kind will das aber nicht. Es haut mit den Fäusten auf die Kühlerhaube, dass es nur so scheppert. Eine Nachbarin sieht das und fragt die Mutter im rheinischen Dialekt: „Darf das das?" Die Mutter hört sich das an, sagt aber nichts. Da schüttelt die Frau mit dem Kopf und sagt empört: „So ein Kind heute! Dass das das darf!"

Seite 81:

Aufgabe 1:
Der Wetterbericht sagte voraus, dass am Sonntag die Sonne scheint.
John und Mary konnten nicht ahnen, dass die Vorhersage falsch war.
Jeder weiß, das kommt manchmal vor.
Mary holte also ihr Rad heraus, das im Keller stand.
Sie holte John ab, das war so verabredet.
Der hatte aber verschlafen, das kommt auch manchmal vor.
Doch dann fuhren sie auf das Wäldchen zu, das am Stadtrand lag.
Dort aßen sie ihr Picknick, das sie mitgebracht hatten.

© Westermann Gruppe

Kaum hatten sie alles so ausgebreitet, dass sie Appetit bekamen, da hörten sie ein Donnern, das aber noch sehr fern war.
Plötzlich wurde es so dunkel, dass sie alles wieder einpackten.
Sie hatten aber nicht gedacht, dass der Regen so schnell kommen würde.
Der prasselte so heftig nieder, dass sie völlig durchnässt wurden.
Er pladderte in das Geschirr, das auf dem Waldboden stand.
John war so sauer, dass er gegen die Tassen trat.
Mary meinte aber, das gehe sicher bald wieder vorüber.
Doch die beiden mussten erfahren, dass ihre Fahrt ins Wasser gefallen war.
Er glaube, sagte John, dass er besser im Bett hätte bleiben sollen.

Aufgabe 2:
Ein solches Pech, dass nämlich eine Freundschaft auf die Probe gestellt wird, hat man öfter.
Ein solches Pech, das eine Freundschaft auf die Probe stellt, hat man öfter.

Seite 82:

Aufgabe 1:

a) **Regel 3** Ich komme, wenn es möglich ist, gegen halb vier.
b) **Regel 4** Der Bus kann sich aber verspäten, wie es oft passiert, und dann wird es etwas später.
c) Regel 2 Falls das Wetter es zulässt, machen wir im Wald ein Picknick.
d) **Regel 1** Ich habe mich schon die ganze Woche darauf gefreut, dass wir uns treffen.
e) **Regel 5** Ich bringe euch auch etwas mit, sodass ihr überrascht sein werdet, wenn ich komme.

Aufgabe 2:

a) Als sie dann sahen **(Nebensatz)**, dass ich meinen Hund Moffo mitgebracht hatte **(Nebensatz)**, waren alle aus dem Häuschen **(Hauptsatz)**.
b) Während die einen Würstchen aßen **(Nebensatz)**, tollten andere mit dem Hund umher **(Hauptsatz)**, wobei sie viel Spaß hatten **(Nebensatz)**.
c) Einer gab dem Tier **(Hauptsatzanfang)**, obwohl ich das nicht wollte **(Nebensatz)**, ein Würstchen mit Senf **(Hauptsatzende)**, das spuckte er aber aus **(Hauptsatz)**.

Seite 83:

Aufgabe 1:
Die Antarktis
Als ich heute nach Hause kam, lief im Fernsehen gerade ein Film über die Antarktis. Er enthielt so viele interessante Informationen, dass ich vielleicht ein Referat darüber halten möchte. Deshalb habe ich heute, nachdem ich alle anderen Arbeiten erledigt hatte, im Internet nach weiteren Informationen geforscht. Dabei erfuhr ich, dass die Antarktis von einer bis zu 3500 Meter hohen Eisschicht bedeckt ist, wobei nur im Osten das Eis über einer Festlandmasse liegt. Dass das Südpolargebiet ein waffenfreier Raum ist, darauf haben sich die Länder geeinigt, weil sie dort Forschungen betreiben wollen, damit sie hinter die Geheimnisse dieses Erdteils kommen. In einem Vertrag legte im Jahr 1961 eine Reihe von Staaten fest, wie jeder an der friedlichen Nutzung dieses Gebietes teilhaben kann. Als man feststellte, dass das Ozonloch über der Antarktis immer größer wird, führten die Ergebnisse von Untersuchungen dazu, dass in Spraydosen die giftigen Kohlenwasserstoffverbindungen weltweit verboten wurden, damit man unsere Erde vor großen Gefahren bewahren kann. Wenn jedoch irgendwann einmal größere Vorkommen von Bodenschätzen im Südpolartgebiet entdeckt werden sollten, könnte das friedliche Zusammenleben verschiedener Nationen am Südpol ein Ende haben. Doch eine gerechte Verteilung von Bodenschätzen könnte dann, wenn sie die unterschiedlichen Interessen berücksichtigt, eine Lösung auch dieses Problems sein.

Aufgabe 2:
Deutsche Nebensätze
In deutschen Nebensätzen stehen die Verben immer ganz am Schluss, sodass man beim Lesen lange darauf warten muss, bis man erfährt, ob sie so oder anders zu Ende gehen. Da möchte man also zum Beispiel wissen, ob ein erwarteter Eisenbahnzug kommt oder nicht, und muss bis zum Ende des Satzes darauf warten. Das hört sich dann so an:

Ronald stand auf dem Bahnsteig herum, bis nach stundenlangem Warten in Kälte und stürmischem Wind der Zug, weil er stecken geblieben war, dann tatsächlich – ausfiel.

Der amerikanische Schriftsteller Mark Twain hat diesen Satzbau einmal ironisch so charakterisiert:

Wenn immer der literarisch gebildete Deutsche in einen Satz eintaucht, wird man ihn erst wiedersehen, wenn er auf der anderen Seite seines Ozeans mit seinem Verb im Mund wieder auftaucht.

© Westermann Gruppe

Seite 84:

Aufgabe 2 und 3:
Graffiti

a) Viele Sprayer sprühen ihren Schriftzug an Wände, um Ruhm zu erwerben.
b) Manchen Jugendlichen **scheint** das wichtig zu sein.
c) Um in der Szene anerkannt zu werden, muss sich ein Sprayer an Regeln halten.
d) Die Crew eines Sprayers hat die Aufgabe, Schmiere zu stehen.
e) Wichtig ist, seinen Schriftzug gegen andere Sprayer an Wände zu sprühen.
f) Für Sprayer ist es nämlich entscheidend (,) zu konkurrieren.

Aufgabe 4:
Millionenschaden durch Sprayer

Die Polizei rät Hausbesitzern, Graffitis zu entfernen, sobald die Polizei den Schaden aufgenommen hat. Die Ermittler haben oftmals die Möglichkeit, den Täter an seinem „Tag" zu ermitteln. Die Sprayer scheuen sich oft davor, über eine entfernte Schmiererei noch einmal etwas zu sprühen. Denn es kommt ihnen ja darauf an, ihren Schriftzug für längere Zeit sichtbar zu machen. Die Malerinnung rät, an gefährdeten Gebäuden Spezialanstiche zu verwenden, die es ermöglichen, Graffiti problemlos zu entfernen. Den Sprayern der Stadt Hannover ist es im letzten Jahr gelungen, einen Schaden in Millionenhöhe anzurichten. „Wir könnten jeden Tag 15 Stunden unterwegs sein, um die Taten der Sprayer aufzunehmen", sagte ein Fahnder. Die Polizei rät, niemals zu versuchen, einen Täter selbst zu stellen; das könnte zu Konflikten führen.

Seite 85:

Aufgabe 1:
Er sagte: „Ich war gestern beim Training."

Aufgabe 2:
Niklas fährt freihändig auf der Straße. Ein Polizist hält ihn an und fragt: „Wie heißt du?"
„Niklas Meier", sagt Niklas. „Und dein Alter?", fragt der Polizist. „Auch Meier", sagt Niklas.

Aufgabe 3:
„Was soll das denn jetzt?", fragt der eine.
„Der Sattel", sagt der andere, „ist mir ein bisschen zu hoch."

Aufgabe 4:
Der Kontrolleur im Bus sagt: „Für einen Kinderfahrschein bist du aber schon zu alt."
„Dann hören Sie aber gefälligst auf", erwidert der Junge, „mich zu duzen."

Seite 86:

Aufgabe 1:
Sexmus Ronny Müller

Die folgende Geschichte hat sich tatsächlich zugetragen. Auf einem Standesamt erschien ein Vater, der seinen neugeborenen Sohn auf den Namen *Sexmus Ronny Müller* eintragen lassen wollte. Die Standesbeamtin machte den Vater darauf aufmerksam, dass der Name sehr außergewöhnlich sei. „Ich muss mich erst danach erkundigen, ob er zulässig ist", sagte sie. „Kommen Sie doch in den nächsten Tagen noch einmal vorbei!" Als der Vater danach in das Standesamt kam, teilte ihm die Beamtin mit, dass sie den Namen erst genehmigen lassen müsse. „Wieso müssen Sie das?", fragte der Vater. „Über den Namen bestimmen doch die Eltern." Die Standesbeamtin wandte ein, dass ein Name nicht zulässig sei, wenn er negativ behaftet ist. „Was soll an *Sexmus Ronny* negativ sein?", fragte der Vater. „Nun", sagte die Beamtin, „andere Kinder könnten ihn ärgern, indem sie ihm *Ronny muss Sex* oder *Sexmüller* nachrufen." Der Vater dachte, indem er sich am Kopf kratzte, tatsächlich darüber nach. „Gut", sagte er schließlich, „dann nennen wir ihn eben einfach *Felix*."

Aufgabe 2:
„Ein schöner Name!", rief die Beamtin. „Das heißt *der Glückliche*."
Der Vater fragte: „Und was machen wir, wenn er ein Pechvogel wird?"
„Vielleicht", sagte die Beamtin, „wird ihn der Name davor bewahren."
Und sie fügte hinzu: „Nomen est Omen.
Das ist Latein und bedeutet, dass dieser Name ein gutes Zeichen ist."

© Westermann Gruppe

Sprache und Sprachgebrauch, Seite 87–95

Seite 87:

Aufgabe 1:
Nomen: *Bildschirm, Unsinn, Pech, (das Brustschwimmen, das Joggen)*
Artikel: *die*
Personalpronomen: *sie, (ihr)*
Possessivpronomen: *deine, euer, ihr*
Demonstrativpronomen: diese
Indefinitpronomen: *niemand, manche*
Adjektive: *interessant, cool, kaputt*
Verben: *bekommen, joggen, brustschwimmen*
Adverbien: *immer, gestern*
Konjunktionen: *obwohl, dass*
Präpositionen: *zwischen, durch*

Aufgabe 2:
Unsinn: unsinnig
interessant: Interesse – cool: Coolness
interessant: sich interessieren

Seite 88:

Aufgabe 1:
Als wir aus den Ferien in Italien zurückkamen, befürchteten wir schon, dass die Autobahn wieder gesperrt ist. Doch nachdem wir den Verkehrsfunk gehört hatten, schien alles gut zu gehen. „Heute werden wir bestimmt ohne Stress nach Hause kommen", sagte mein Vater. Und dann fuhren wir tatsächlich bei schönstem Wetter die Alpen hinauf. Doch kaum hatten wir den Pass überschritten, da fing es tatsächlich an zu regnen. Es goss wie aus Eimern. Meine Mutter sagte: „So also empfängt uns Deutschland!" Mit 60 km/h schlichen wir durch das Inntal. Und vor der Grenze gab es einen Stau. „Der Verkehrsfunk hat gelogen!", rief meine Schwester. Mein Vater fügte ironisch hinzu: „Der Verkehrsfunk wird sich bei denen von den Wetternachrichten einfach nicht informiert haben!" Es dauerte fast eine Stunde, ehe wir aus dem Stau wieder heraus gekommen sind. Jetzt liege ich in meinem Bett. Die Autofahrt läuft wie ein Film vor meinen Augen ab. Bald werde ich diese schreckliche Rückfahrt wieder vergessen haben.

Aufgabe 2:
a) Voriges Jahr **sind** wir mit der Bahn in die Ferien **gefahren**.
b) Nächstes Jahr **werden** wir wohl wieder mit der Bahn **fahren**. Das ist bequemer.

Seite 89:

Aufgabe 1:
a) Allgemeingültiges Präsens
b), c) Basistempus Präteritum
d), e) Szenisches Präsens
f) Basistempus Präteritum
g) Gegenwartspräsens
h) Allgemeingültiges Präsens

Aufgabe 2:
Gestern Nachmittag fuhr (Basistempus Präteritum) ich mit dem Rad am See entlang. Da sah (Basistempus Präteritum) ich ein Mütterchen, das eine Familie von Schwänen mit ihren Jungen fütterte (ebenfalls). Sie warf (ebenfalls) ihnen kleine Brocken Weißbrot zu und freute (ebenfalls) sich daran, wie sie nach ihnen schnappten. Doch plötzlich erhebt (Szenisches Präsens) sich der eine Schwan aus dem Wasser und beißt (ebenfalls) mit vorgestrecktem Schnabel die Frau in die Hand. Die schreit (ebenfalls) entsetzt auf und läuft (ebenfalls) davon. Ich sah (Basistempus Präteritum) noch, wie sie dem Schwan böse mit dem Finger drohte. Ich lachte (ebenfalls). Jetzt denke (Gegenwartspräsens) ich: Was alten Mütterchen gefällt (Allgemeingültiges Präsens), das mögen (ebenfalls) Schwanenmüttern manchmal gar nicht.

Seite 90:

Aufgabe 1:
Das sind die Reden der Personen:
Was der Erzähler sagt
Was er in indirekter Rede sagt
Was Emma in indirekter Rede sagt
Was ihr Vater sagt

Emma hat mir erzählt, *dass ihr gestern ein folgenschweres Missgeschick passiert sei. Als sie am Morgen in den Keller gegangen sei, habe sie ihr Fahrrad nicht gefunden. Da sei ihr wie ein Blitz in Erinnerung gekommen, dass sie es am Abend zuvor am Zaun vor dem Haus abgestellt habe. Dort sei es wahrscheinlich über Nacht gestohlen worden.* **Emma ist eben immer etwas vergesslich, das ist nichts Neues für mich.** *Jedenfalls sei sie gleich zu ihrem Vater gelaufen und habe ihm von dem Unglück erzählt.* **Ich kenne ja ihren Vater. Der ist ein superkorrekter Mann, der sich mit Ausreden nicht zufrieden gibt.** *Der habe auch gleich gefragt, ob das Rad auch angeschlossen gewesen sei.* **Emma sagte,** ***sie habe das Rad natürlich abgeschlossen. Sie könne nur den Schlüssel nicht finden.***

© Westermann Gruppe

Daraus kann man allerdings nicht schließen, dass Emma gelogen hat; denn außer, dass sie vergesslich ist, verbummelt sie auch oft etwas, das ist ja bekannt. *Der Vater habe ihr aber keine Vorwürfe gemacht;* es gehe ihm nur um die Versicherung, die zahle nämlich nur, wenn man beweisen könne, dass das Rad angeschlossen gewesen sei. **Nun gut, der Schlüssel war nicht aufzufinden, und Emma muss jetzt einige Zeit ohne Fahrrad auskommen. Ich habe ihr aber angeboten,** *dass sie vorübergehend das Rad meiner Schwester haben könne, die zurzeit in England im Schüleraustausch sei. Aber nur, wenn sie mir verspreche, es auch immer abzuschließen. Da falle ihr aber ein Stein vom Herzen,* **sagte Emma und versprach mir hoch und heilig,** *dass sie das Rad hüten wolle wie ihren Augapfel.* **Ob die Versicherung zahlen wird, ist natürlich höchst zweifelhaft. Ihr Vater habe jedenfalls gesagt,** das schöne Fahrrad könne sie in den Wind schreiben. **Na ja, dann muss sie eben auf ein neues sparen!**

Seite 91:

Aufgabe 1:

Ich stelle mir einmal vor, wir ***nähmen*** die Veränderungen unserer Umwelt weiterhin nicht ernst, dann ***müsste*** man damit rechnen, dass auf unserer Erde vieles bald anders aussieht als bisher. Unwetterkatastrophen ***nähmen*** immer mehr ***zu***. Der Meeresspiegel ***höbe*** sich immer mehr ***an***. Ganze Städte ***gingen*** in den Wellen der Ozeane ***unter***. Anderswo ***fänden*** Menschen keine Nahrung mehr, weil ihr Land in der Hitze ***vertrocknen würde***. Und der Plastikmüll in den Meeren ***würde*** nach und nach so viele Fische ***töten***, dass wir auf das Nahrungsmittel Fisch in Zukunft ***verzichten müssten***.

Was aber ***könnte*** ich als einzelner Mensch tun? ***Wäre*** es mir überhaupt möglich, zur Erhaltung unserer Welt beizutragen? Stellen wir uns einmal vor, wir ***trügen / würden*** nur noch Kleidung aus recyceltem oder recycelbarem Material ***tragen***, wir ***führen / würden*** nur noch mit dem Fahrrad ***fahren***, wir ***gingen*** zu Fuß, wann immer es möglich ***wäre***, wir ***nähmen*** nur noch öffentliche Verkehrsmittel, statt Privatautos, wir ***ließen*** alles Material aus Plastik im Supermarkt liegen und ***nähmen*** nur noch ***mit***, was in Papier und in Glas verpackt ist. Wir ***äßen*** nur noch, was aus regionaler Herkunft stammt und nicht mit Flugzeugen, die der Umwelt schaden, aus fernen Ländern ***käme***. Natürlich ***wäre*** vieles nur politisch zu lösen, wie z. B. das Verbot von Öl- und Kohleheizungen, von Autos mit Verbrennungsmotoren, die Vernichtung der Urwälder usw. Vieles ***läge*** aber auch in der Verantwortung des Einzelnen. Wir ***äßen / würden*** zum Beispiel weniger Fleisch ***essen***. Das ***könnte*** dazu beitragen, dass die weltweit angelegten Monokulturen, etwa von Soja, die der Tiernahrung dienen, wieder natürlichen Wäldern ***weichen würden***. Ich jedenfalls ***nähme*** gern einige Unbequemlichkeiten auf mich, um unsere schöne Welt zu erhalten.

Seite 92:

Aufgabe 1:

In jedem Zirkus wird dem Publikum eine witzige Clowns-Szene vorgeführt. Aber immer wieder wird auch eine spannende Zauber-Show erwartet.

Aufgabe 2:

Die magische Kiste

Die „magische Kiste" ist ein uralter Zaubertrick. **Er wird** auf vielen Zauberveranstaltungen **vorgeführt**. Die magische Kiste **wird hereingetragen**. Dann **wird die Kiste geöffnet**. **Der Zauberer** überzeugt das Publikum mit großem Brimborium davon, dass mit der Kiste alles seine Richtigkeit hat. Dann steigen vier Artisten hinein. Der **Deckel wird verschlossen**. **Der Zauberer** schiebt nun in vorgebohrte Löcher Dolche aus Holz langsam und gleichmäßig hinein, bis ihre Spitzen an der anderen Seite wieder herauskommen. Aus der Kiste hört man Schreie. Ein Trommelwirbel setzt ein. Dann ist es totenstill. Die Dolche **werden** wieder **herausgezogen**. Der Deckel **wird** mit viel „Simsalabim" **geöffnet**. Die Artisten springen heraus und verbeugen sich. Das Publikum klatscht Beifall.

Was für diesen Trick **gebraucht** wird, ist eine große Kiste. Sie **wird** innen schwarz **angemalt**. Ein schwarzes Inneres wirkt nämlich kleiner, als es in Wirklichkeit ist. In der Kiste ist also viel mehr Platz, als es sich das Publikum vorstellen kann. **Der Zauberer** kann daher jeden Dolch zwischen den Artisten hindurchstoßen, ohne dass jemand **verletzt wird**.

Seite 93:

Aufgabe 1:

Der Text sollte lauten:

Am Abend hatte Goethe seine Dichterarbeit beendet.
Danach spazierte er im Park.
Der Weg war sehr schmal.
Darauf passte nur *eine* Person.
In einer Kurve kam dem Meister ein Kritiker entgegen.
Der hatte schon öfter Goethes Werke kritisiert.
Manches Buch hatte er sogar „närrisch" genannt.

© Westermann Gruppe

<u>Plötzlich</u> verstellte er ihm den Weg.
<u>Herablassend</u> sagte er:
„<u>Einem Narren</u> weiche ich nicht aus."
<u>Sich verbeugend</u> trat Goethe beiseite.
<u>Mit einem Lächeln</u> antwortete er:
„Ich schon!"

Seite 94:

Aufgabe 1:

a) <u>Diesem Wal</u> kann niemand mehr helfen. (Dativ-Objekt)
b) Die Schülerin legte sich <u>mit ihrer Freundin</u> an. (Präpositionales Objekt)
c) Beeke enthielt sich bei der Abstimmung <u>der Stimme</u>. (Genitiv-Objekt)
d) <u>Chaos</u> unter der Bevölkerung hat ein Erdbeben ausgelöst. (Akkusativ-Objekt)
e) Malte machte Merle <u>ein schönes Geschenk</u>. (Dativ- und Akkusativ-Objekt)
f) <u>Die Neuigkeiten</u> teilten sie gleich <u>ihren Freunden</u> mit. (Akkusativ- und Dativ-Objekt)
g) <u>Dicke Schnecken</u> fressen Igel am liebsten. (Akkusativ-Objekt)

Aufgabe 2:

d) <u>Ein Erdbeben</u> löste unter der Bevölkerung Chaos aus.
f) <u>Sie</u> teilten ihren Freunden gleich die Neuigkeiten mit.
g) <u>Igel</u> fressen dicke Schnecken am liebsten.

Aufgabe 3:

Solche Sätze könnten lauten:
Sie lieh <u>ihm</u> / <u>ihr Buch</u>.
Er beschuldigte <u>ihn</u> / <u>des Diebstahls</u>.
Sie verzichtete <u>auf das Essen</u>.

Seite 95:

Aufgabe 1:

In Mathe ist sie eigentlich gar nicht so gut. Aber →
a) <u>Dieses Mal</u> schrieb Emma in Mathe eine Eins.
Ihre Aufsätze gelingen ihr selten gut. Aber →
b) <u>In Mathe</u> schrieb Emma dieses Mal eine Eins.
Ihr Bruder kam mit einer Zwei in Mathe nach Hause. Und →
c) <u>Emma</u> schrieb dieses Mal in Mathe eine Eins.
Oder: <u>Eine Eins</u> schrieb dieses Mal Emma in Mathe.

Aufgabe 2:

Informative Satzgliedstellung:
<u>Davon</u> hat sie ihren Eltern aber nichts gesagt.
Emotionale Satzgliedstellung:
<u>Gesagt</u> aber hat sie ihren Eltern <u>nichts</u> davon.

Aufgabe 3:

Besonders passend wäre:
Die haben sich über Emmas strahlendes Gesicht nur gewundert.

© Westermann Gruppe

© Westermann Gruppe